Das Buch

»Anmut sparet nicht noch Mühe / Leidenschaft nicht noch Verstand / Dass ein gutes Deutschland blühe / Wie ein andres gutes Land.« Die Kinderhymne von Bert Brecht war neben Marx' Kategorischem Imperativ und den Lehren von Marx aus dem Achtzehnten Brumaire prägend für Hartmanns Haltung. Er war als Mitarbeiter der HV A seit Beginn der 60er Jahre und später als Instrukteur der von ihm gewonnenen Quellen im »Operationsgebiet« tätig. Seit 1990 stellte er sich den Diskussionen zum Thema MfS, er verfasste dazu viele Texte. 1992 gründete er mit anderen das Insiderkomitee. Bis zu seinem Tode am 6. März 2009 war er einer seiner Sprecher.
Aus Anlass seines 80. Geburtstages am 17. Dezember 2009 publizierte das Insiderkomitee eine Auswahl seiner Texte. Sie sind ein unverändert aktuelles Angebot zur Diskussion und eine Anregung zum Nachdenken.

Die Herausgeber

Das Insiderkomitee zur Förderung der kritischen Aufarbeitung der Geschichte des MfS (IK) wurde 1992 von ehemaligen Mitarbeitern des MfS gegründet und war bis 1997 als eingetragener Verein tätig. Das Insiderkomitee organisiert in regelmäßigen Abständen Diskussionen zu historischen Themen mit Bezug auf die Sicherheitspolitik der DDR und die Rolle des MfS.
Das IK betreibt die Website www.mfs-insider.de, seine Sprecher sind Klaus Eichner, Wolfgang Schmidt und Klaus Panster

D1727736

Insiderkomitee zur Förderung der
kritischen Aufarbeitung der Geschichte
des MfS (Hrsg.)

Mit Leidenschaft und Verstand

Texte von Wolfgang Hartmann (1929-2009)

Inhalt

»Aufarbeitung« der Geschichte

Was wollen wir, was können wir, was sollen wir? Was lernen wir – für wen? Überlegungen zur Arbeit des Insider-Komitees

(7. März 1993)

Das Insider-Komitee ist noch jung. Bis jetzt haben wir erst einen Ansatz der »Sammlung« von Interessierten und von Einzelaktivitäten aufzuweisen. Noch ist es nicht mehr, als der allererste Beginn einer Diskussion zur Selbstverständigung in einem kleinen und noch sehr einseitig zusammengesetzten Kreis. In den Medien sind wir kaum präsent, gelegentlich wird unsere Meinung erfragt oder Rat gesucht. Viel für den Anfang, wenig für den Anspruch.

Was wir uns vorgenommen haben, ist umfangreich, anspruchsvoll, sehr kompliziert. Schon deshalb ist es von einigen unermüdlichen Einzelnen nicht zu leisten. Wir müssen inhaltlich in die Breite, dazu brauchen wir viele Mitwirkende. Und: das Insider-Komitee muss Eigenes »produzieren«, sich nicht auf bloßes Reagieren beschränken.

Gegen das Ausblenden der Vorgeschichte und der historischen Zusammenhänge

Ich bin überzeugt, dass es aus vielen Gründen ein reales Bedürfnis dafür gibt, sich mit der »Aufarbeitung« der MfS-Geschichte zu befassen.

Selbstverständlich kann das nur in einem umfassenden historischen Kontext erfolgen. Zu diesem Kontext gehört zuerst die Vorgeschichte, also der deutsche Faschismus und seine Folgen. Ohne diese Vorgeschichte ist nichts verstehbar und ist keine Wertung möglich. Zum Kontext gehört selbstverständlich auch, dass die SED und die DDR nicht nur im Antifaschismus wurzelten, sondern in einer sozialistischen Emanzipationsbewegung, die sich mit dem Antifaschismus verband.

Zum Kontext gehört, dass Antifaschismus und Sozialismus eine weltweite Bewegung sind und nicht eine autonome DDR-Erscheinung. Schließlich gehören besonders für ein Staatsschutzorgan zum Zusammenhang die – globale – Systemauseinandersetzung zwischen Kapitalismus und Realsozialismus, die gegenseitigen Einwirkungen von Ost und West, darin eingeschlossen zwischen BRD und DDR. Dies freilich nicht nur im Kalten Krieg und in der Politik des Totrüstens des Sozialismus (Reagan), sondern auch in den Entspannungsphasen – wiederum auch zwischen DDR und BRD. Ja selbst das Geschehen in der »Dritten Welt« gehört in diesen Kontext. Und natürlich die innere Geschichte der DDR, die nicht von all diesen Zusammenhängen isoliert verlief.

Die MfS-Geschichte kann man nicht so bearbeiten, wie es Schmetterlingspräparatoren mit ihren Opfern im Netz tun. Eine selbständige Aufarbeitung der MfS-Geschichte kann es nicht geben, höchstens als gewolltes und absolutes Zerrbild. Dessen Funktion würde gerade darin bestehen, die »materiellen Inhalte« der Auseinandersetzungen, der Feindschaften und der Kooperationen zu verdrängen. Die MfS-Geschichte ist untrennbar mit den genannten historischen Koordinaten verbunden. Ohne diese ist sie nicht erklärbar und weder politisch noch moralisch beurteilbar.

Gegen »Aufarbeitung« habe ich als Arbeitsbegriff gar nichts: »Arbeit« ist erforderlich. Angestrengte Arbeit wird gebraucht.

Ich nenne einige der Gründe für die Aufarbeitung:

Erstens: Wir müssen unserer Geschichte Herr werden – wenn wir auf einem linken Selbstverständnis beharren und dessen Ideale nicht preisgeben wollen.

Zweitens: Künftige Generationen werden uns fragen, welche Ergebnisse unseres eigenen kritischen Lernens wir ihnen zur Verfügung stellen. Haben wir über Antworten nachgedacht, haben wir schon zureichende Antworten gefunden?

Drittens: Um der Politikfähigkeit der Linken heute voranzuhelfen, ist Umgang mit der Geschichte geboten – auch, um der Verteufelung der Linken entgegenzuwirken.

Das Insider-Komitee will beitragen, die Geschichte (soweit wir ihre handelnden Subjekte oder Zeugen sind) beschreibend zu sichern, kritisch zu analysieren und daraus lernend zu werten.

Als »Insider« müssen wir das besten Wissens und mit Gewissen selbst tun. Wir haben kein Monopol. Wir haben sogar schlechteste Bedingungen. Denn wir besitzen keinen Zugang zu den Archiven und wir müssen gewärtig sein, dass uns das Wort im Munde verdreht oder strafrechtlich zur Last gelegt werden könnte.

Dennoch können wir die Anstrengung nicht anderen allein überlassen und damit ein Monopol einräumen.

Mut wird nötig sein: Sowohl zu selbstkritischer Reflexion und moralischer Selbstprüfung, als auch zum Bekenntnis dessen, was heutzutage ungern gehört wird oder nicht mehr gehört werden soll.

1. »Beschreibend sichern«: Das bedeutet zuerst eine möglichst authentische Darstellung dessen, was wirklich gewesen ist. Die wesentlichen Tatsachen sind zu sichern, vor dem Vergessen, der Verdrängung und der Verfälschung zu retten.

Diese beschreibende Darstellung muss gegen Verdrängungen, Legendenbildungen, Mystifizierungen und ebenso gegen romantische Verklärung gerichtet sein. Verdrängungen, Legendenbildung und das Sträuben gegen Namhaftmachen unangenehmer Tatsachen gibt es auch bei Unseresgleichen. Sie folgen aus einem Bündel sehr verschiedener Komponenten von Enttäuschungen und Orientierungsverlust, Scham, Ängsten, Ausgrenzungen und Demütigungen, Depression, Flucht in die private und unpolitische Nische. Sie folgen aus Unwilligkeit zur kritischen Reflexion, aber auch aus Selbstverrat und Feigheit. Eine subtile Art opportunistischer Verdrängung manifestiert sich im Grüßen der Geßlerhüte – wie Günter Gaus eine Zeiterscheinung treffend beobachtet.

Legendenbildung und Mystifizierung gibt es sehr absichtsvoll auch in der Geschichtsschreibung der »Sieger« und in der kommerziell beherrschten »Wahrheitsfindung« eines großen Teils der Medien. Sie sind derzeit tonangebend und oft voller Heuchelei. Diese Legendenbildung zielt auf Verdrängung und Verfälschung und auf politische Zwecke. Sie ist – mit neuen Mitteln – auch eine Fortsetzung des »Historikerstreits« der Alt-BRD.

Die von uns zu leistende Beschreibung muss umfassend, aber nicht denunziatorisch sein. Sie muss unbedingt aufrichtig sein.

Zu beschreiben sind die vom Staat DDR und von der SED gesetzten Ziele und deren Wandlungen, die daraus abgeleiteten Aufgaben und die äußeren, sowie inneren Handlungsbedingungen. Zu beschreiben sind deren Zusammenhang und Verflechtung mit den Fakten des tatsächlichen Kampfes, der erbittert geführt wurde gegen den Versuch einer die Wurzel greifenden antifaschistischen und sozialistischen Alternative. Als solche Alternative hatten sich nicht nur die DDR selbst, und auch nicht nur deren Führungspersonal verstanden: darüber gab es über lange Zeit einen gesellschaftlichen Konsens in der Bevölkerung der DDR, sowie auch in der Wertung der DDR durch auswärtige Freunde und Feinde. Erinnert sei an den von Mauriac stammenden Satz »Weil ich Deutschland so sehr liebe, freue ich mich, dass es zwei davon gibt«, den sich de Gaulle unwidersprochen hatte zuschreiben lassen.

Zu beschreiben sind die über die Auseinandersetzungen gewonnenen Erkenntnisse, die Irrtümer und die vermeidbaren Fehleinschätzungen. Zu notieren sind die zur Sicherung der DDR gewählten eigenen Richtungen, Maßnahmen, Aktionen, die dazu bestehenden Strukturen und ihre Funktionsweisen, die Kooperation mit anderen staatlichen Organen, mit den sonstigen Institutionen und – nicht zuletzt – mit den Bürgern der DDR.

Vor dem Vergessen zu bewahren sind die sicherheitspolitischen Reaktionen der DDR und der SED auf militante Aktionen gegen die DDR, wie etwa die Sabotageaktionen der Kampfgruppe gegen Unmenschlichkeit (KgU), die Aktionen westlicher Geheimdienste.

Zu beschreiben ist, welche Wandlungen und Degenerationen (von Wachsamkeit zu Misstrauen) das von der SED-Führung geprägte staatliche Sicherheits- und Rechts-Verständnis durchlief.

Zu beschreiben sind wichtige Mittel und Methoden der Tätigkeit des MfS. Ferner die Motive, ihre individuellen Ausprägungen, ihre ideologische Reflexion und die Konflikte.

Festzuhalten ist gewiss noch viel mehr. Eine Langzeitaufgabe.

Aus vielen individuellen Anstrengungen werden die Mosaiksteine und -Steinchen, gar nur Splitter gebraucht für ein realistisches Bild der Annäherung an die historische Wahrheit.

Es wird so sein, dass unseren Beschreibungen, so sehr sie auch um Vollständigkeit und Objektivität bemüht sein werden, die Einseitigkeit unserer Perspektive anhaften wird. Dessen müssen wir uns kritisch bewusst sein, doch es ist kein Hinderungsgrund. Die Gauck-Behörde als Verwalter der Dokumente und Akten nährt kaum den Eindruck, sie sei willens und imstande, eine umfassende, historisch vollständige, ungefilterte Offenlegung vorzunehmen.

Deshalb wird es doppelt schwer sein, aus allein persönlichen Erinnerungen und ohne Überprüfung anhand von Unterlagen eine hinreichend objektive Sicht zu finden. Dennoch muss es versucht werden. Vielleicht führt die unabhängige eigene Initiative früherer MfS-Mitarbeiter eines Tages dazu, dass die Gauck-Behörde die Archive für eine umfassende Darstellung öffnen muss. Dann auch für die dokumentengestützte kritische Überarbeitung persönlicher Erinnerungen und historischer Zeugenschaft. Selbst wo eine objektivierende Distanz noch nicht gefunden werden kann, ist die Beschreibung von Wert: sie ist allemal ein Dokument. (Die Vermittlung von Einsichten in Personen-Dossiers kann wichtige Fragen aufwerfen, aber historische Aufarbeitung nicht leisten.)

2. »Kritisch analysieren«: Die kritische Analyse des Beschriebenen wird noch viel schwieriger sein, als das Aufschreiben persönlicher Erinnerung. Sie wäre allein von den Handelnden als Zeugen nicht zu leisten. Sie bedarf der Widerparts und streitiger Diskussion. Sie bedarf gerade und vor allem auch der kritischen Einwände jener, die – aus heute kaum noch überzeugungsfähigem Grund – seinerzeit falsch beurteilt und zu Unrecht beargwöhnt und bedrängt wurden.

Zusammenhänge müssen objektiv und umfassend aufgespürt und geprüft werden. Die Handlungsspielräume, die konzeptionellen Ansätze, deren Wandlungen, die Ädäquatheit von Bedingungen, Konzeption und Handlungen müssen kritisch betrachtet werden. Der Blick ist nicht nur auf die oberste Leitungsebene zu richten, sondern ausdrücklich auch darauf, wie sich die Probleme bis zu den untersten Ebenen auswirkten.

Einige der Probleme sind:

– Wie war der Umgang mit konzeptionellen und Handlungs-Alternativen? Dies insbesondere bei den großen Zäsuren: z.B.

– Parteiinterne Auseinandersetzungen der SED, die oft auch die Sicherheitskonzeption betrafen)

– Beschlüsse der II. Parteikonferenz der SED (Grundlagen des Sozialismus)

– Juni 1953

– KPdSU-Parteitag 1956, »Tauwetter« und erste Entstalinisierungsversuche

– Auswirkungen der Entwicklungen in Polen (1956, ab Mitte der 70er Jahre), Ungarn (1956, 1989) CSSR (1968)

– Ablösung Ulbrichts

– Beginn der Perestroika und von Glasnost in der Sowjetunion

– Interne Erkenntnisse über die Stagnation des RGW und die ökonomische Krise der DDR unter den Bedingungen des gegebenen ökonomischen und militär-ökonomischen Kräfteverhältnisses.

– Welchen Einfluss auf die Konzeption und Praxis hatte die Sowjetunion in der Gründungsphase des MfS 1950/51? In welcher Weise und mit welchem Selbstverständnis wurde die internationale Kooperation – insbesondere mit dem KGB – praktiziert: Wie waren Selbständigkeit und eigener Spielraum des MfS in den verschiedenen Phasen der Entwicklung der DDR? Welche Folgen ergaben sich aus der Einbindung in den Warschauer Pakt?

– Welche Leistungen erbrachte das MfS bei der Aufspürung und Verfolgung von nazistischen Kriegs– und Menschlichkeitsverbrechern innerhalb der DDR und in der BRD? Wie nutzten die BRD-Behörden die ihnen geöffneten Zugänge zu diesen Erkenntnissen der DDR?

– Wie spiegelten sich die Ansätze der SED und der DDR-Staatsspitze für sowohl verschärfende Restriktionen (Babelsberger Konferenz über die Rechtswissenschaften), als auch für Liberalisierung und rechtsstaatliche Standards (Programmatische Erklärung des Staatsrates, Rechtspflegebeschlüsse, Formen gesellschaftlicher Rechtsfindung, Eingaberecht, später die zögernde Einführung eines Verwaltungsrechts) in der Ausübung der repressiven Funktionen des MfS?

– Welche Auswirkungen hatten die theoretischen Fehlhaltungen auf die Staatsschutzkonzeption und Praxis?

Das betrifft:

– Ablehnung der Gewaltenteilung

– Zurücknahme der rechtlichen Selbstbindung des Staates und der SED mittels des »Primats der Politik«

– die Leugnung eigener innerer – auch antagonistischer – Widersprüche im Sozialismus

– Ersetzung der marxistischen Vorstellungen über den politischen und ideologischen Klassenkampf durch die Theorie von der »politisch-ideologischen Diversion« als Legitimation zur »Klärung« politischer und ideologischer Probleme mit den Mitteln des Strafrechts.

– Wie ist der Verlust demokratischer Traditionen der deutschen Arbeiterbewegung, der ursprünglichen Intentionen der Blockpolitik in der DDR und der antifaschistisch begründeten Bündniskonzepte zu verstehen? Wurde diese Entwicklung im MfS oder in Teilen des MfS wahrgenommen und problematisiert? Insbesondere muss der offenkundige Widerspruch zwischen dem Konzept der SED-und Staatsführung für eine weltweite »Koalition der Vernunft und des Realismus« in der Friedenspolitik einerseits und der repressiven Behandlung z.b. pazifistischer Friedensgruppen in der DDR durchdacht werden.

– Welche Rolle spielten die »zentralen politischen Entscheidungen« (also die informellen Weisungen Honeckers, Mittags und Mielkes) besonders in den 80er Jahren und die Einschnitte in das Recht (Affären Biermann, Bohley, »lex Heym« u. a.)?

– Zu prüfen ist – durchaus auch in systemimmanenter Betrachtung –, wie effektiv, wie nützlich sich denn die Informations– und Auswertungstätigkeit zur Lage in der DDR in der praktischen Politik der SED-Führung und der Regierung (auch auf den unteren Ebenen) tatsächlich konstruktiv umsetzte bzw. weshalb sie ignoriert wurde.

– Welches waren die Versuche des MfS, der SED- und der Staatsführung kritische Erkenntnisse über die tatsächliche Lage in der DDR (Wirtschaft, Verkehrsnetz, Gründe für Ausreiseanträge etc.) und eigene Reformvorschläge nahezubringen (z.B. Paßgesetz und Reiseregelungen, Politischer Dialog der SED mit den reformorientierten Bürgerbewegungen statt nachrichtendienstlicher Kontrolle und Einflussnahme)?

– Welche Entwicklung nahmen in allen diesen Zusammenhängen die Struktur und die Kaderpolitik des MfS, die interne Legitimationsideologie und das Selbstverständnis als »sozialistischer Geheimdienst«?

– Wie wurde im ethischen Verständnis der Unterschied imperialistischer und sozialistischer Geheimdienste definiert – nicht nur durch ihre entgegengesetzten Ziele, sondern z. B. auch in der

Zweck-Mittel-Relation? Wieweit hatte ein solches ethisches Selbstverständnis tatsächlich Orientierungs- und Normcharakter?

– Das MfS sollte »Schild und Schwert« der Partei sein. Diese Metapher bedeutete aber doch in Wirklichkeit Schild und Schwert des Staates DDR und der als sozialistisch angesehenen Gesellschaft. Weshalb wurde diese Funktion nicht erfüllt? Nicht etwa a la Tienaminh oder Bukarest, sondern konstruktiv politisch.

– Diese Frage muss als Teilfrage der DDR-Geschichte um so mehr bedacht werden, als das MfS – wie wohl kaum eine zweite Institution in der DDR-Informationen, Einsichten und Erkenntnisse über die tatsächliche Lage besaß.

– Zu prüfen ist auch, weshalb – nicht in Form von Putschismus, sondern von »preußischem Ungehorsam« – aus dem MfS heraus nicht ein konsequentes und mutigeres Drängen auf Konsequenzen folgte? Dies im Gegensatz zu dem Mut, mit dem Initiatoren der Bürgerbewegungen die ihnen als richtig erscheinenden Fragen aufwarfen? Umso mehr, als viele ihrer Fragen – nimmt man sie so, wie sie seinerzeit gestellt wurden – keine konterrevolutionären Absichten ihrer Vertreter ausdrückten. Sie orientierten sich doch vielfach an sowjetischen Reformbemühungen und waren eng verwandt mit Vorstellungen, die sowohl innerhalb der SED als auch im MfS selbst erörtert wurden! Das ist eines der für uns unbequemsten Probleme.

– Genügt die Erklärung mit Befehlssystem und Parteidisziplin? Oder mit ideologischen Irrtümern? Oder gar mit persönlicher Feigheit, zumal viele der älteren Kader des MfS oft genug Mut und nicht Feigheit bewiesen hatten? Welche Rolle spielte das »Feindbild« – in seinen richtigen und realistischen Aussagen, aber auch in seinen Verzerrungen und Trivialisierungen – für das Unterlassen »preußischen Ungehorsams« um doch das zu schützen, womit sich unsere Ideale verbanden?

– Wie vermittelte sich die Außenpolitik der DDR (insbesondere die Friedenssicherungs-Politik und die KSZE) in der nach Innen gerichteten Tätigkeit des MfS, in der Spionageabwehr, sowie in der Auslandsaufklärung? Ein besonderes Thema dieses Problems ist der KSZE-Prozess.

– Ferner: in welchem politischen und ökonomischen Aufwand-Nutzen-Verhältnis standen – nachdem die DDR weltweit international anerkannt und diplomatisch präsent war – die Gesamtheit der Aufklärungsarbeit zur Möglichkeit der legalen Auslandsaufklärung (z. B. angesichts der relativen Offenheit der Bonner Bühne)?

– Wie setzten sich die von der DDR-Auslandsaufklärung erarbeiteten Erkenntnisse in der praktischen Außen- und Außenwirtschaftspolitik um?

Analyse ist noch nicht Wertung. Sie ist noch »Rechnung«, »Vergleich«, »Feststellung« und Erklärungsversuch. Sie muss sine ira et studio erfolgen, ohne Hass und Eifer. Auch etwas Einfaches, das schwer zu machen ist.

3. *»Kritisch wertend lernen«:* Unsere gegenwärtigen Wertungen sind alle noch ohne ausreichende Distanz. Wir können und dürfen sie redlicherweise nur als vorläufige ansehen und als Hypothesen. Erst Beschreibungen und Analysen werden, verbunden mit kritischer Diskussion, eine Vertiefung ermöglichen.

Wertungen sind parteiisch, sie gehen – meist stillschweigend – von Interessen und Absichten aus. Ich schlage zwei Leitaspekte für unsere Wertungen vor:

A. Anspruch und Wirklichkeit

In welchem Verhältnis standen unsere eigenen Leit-Ideen und unser tatsächliches Handeln zu unserem Anspruch, eine bessere, eine nicht auf Ausbeutung und Unterdrückung beruhende, eine friedliche und eine humanistische Gesellschaft mit sozialer Gerechtigkeit zu errichten – nach innen in der DDR, nach außen wirkend auch durch unsere spezifische Arbeit für die DDR.

In welchem Verhältnis standen unsere Leit-Ideen und unser tatsächliches Handeln zu den demokratischen Traditionen der deutschen und internationalen Arbeiterbewegung und zu den Traditionen des Antifaschismus?

Diese Fragen knüpfen sich an das, was die Theorie an gesicherten (oder gesichert erscheinenden) Erkenntnissen bereithielt, was wir als humanistisches Erbe zu bewahren hatten. Sie halten sich an das, was wir in subjektiver Hinsicht wussten oder wissen konnten, also bevor wir »ins Rathaus« gingen.

Die Antworten werden nicht ohne Prüfung der Handlungsbedingungen möglich sein: Also nicht ohne Definition dessen, was politisch und rechtlich legitimes Handeln war, nicht ohne Beschreibung und Analyse des tatsächlichen Spielraums für unsere Handlungen. D. h. insbesondere auch in den gegebenen ökonomischen, militärischen und internationalen politischen Kräfteverhältnissen.

Es wäre weltfremd, im Namen des »reinen Ideals« in einer so zerrissenen Welt zu urteilen, deren Härte und deren Grausamkeiten nicht erst den Sozialisten Tribut abverlangten. Und es wäre unaufrichtig zu ignorieren, dass die Grausamkeit gerade des deutschen Faschismus folgenreich für die Härte und für Neigungen zur Intoleranz in der politischen Gründergeneration der DDR (und des MfS) war. Zu den Muttermalen gehörte eben auch dies.

Ein gerechtes, nicht »besserwisserisches« – moralisches – Urteil wird zu bedenken haben, welche Möglichkeiten der Erkenntnis, der Entscheidung, des Handelns – möglicher Alternativen – die vergangenen Zeitabschnitte bereit gehalten hatten. Und: welchen Einfluss der Zeitgeist, das sozialpsychologische Klima besaßen.

B. Die Wertung aus heutigem Wissen und aus neuer Erkenntnis

Eine zweite Runde der Wertung folgt aus der Übersicht und Distanz. Gewiss, noch fehlt uns zureichender eigener Abstand. Rauch und Nebel liegen noch über dem »Schlachtfeld«, die Wunden sind noch offen.

Abstand erhalten wir nur, indem wir arbeiten. Und: nur indem wir arbeiten, gewinnen wir eine Chance, die auf Demütigung und nicht Aufarbeitung gerichteten Legenden zurückzudrängen.

Nicht Selbstrechtfertigung, sondern Lernen.

Wir haben als Zeitzeugen, als Zeugen für eigenes Handeln, die politische und moralische Pflicht, unseren Erben, die für eine sozial gerechte Gesellschaft weiter kämpfen, zu hinterlassen, welches unsere Tätigkeit war und welches die Erkenntnisse, die Ergebnisse unseres Lernens sind:

Was haben wir zu sagen über Richtiges und Bewahrenswertes, über Kritikwürdiges, über Fehler und über jene Verbrechen, die sich an unseren Versuch hefteten und ihn beschmutzten, weil nicht nur »der Hass gegen die Unterdrücker« auch unsere »Züge verzerrte« (Brecht), sondern weil wir uns – gegen Rosa Luxemburgs Rat – auch bürgerlicher Methoden der Herrschaftsausübung bedienten und ihre weitsichtige Warnung nicht annahmen.

Unsere Erben müssen von uns – negativ formuliert – erfahren, welche Fehler sie nicht wiederholen dürfen, damit sie ihre eigenen machen können. Mit Selbstgerechtigkeit könnten wir für unsere Erben nur Schaden stiften.

Der Einwand ist zu vermuten, ob denn überhaupt möglich wäre, sauber zwischen Beschreibung, Analyse und Wertung zu trennen, gar diese Abfolge einzuhalten. Selbstverständlich ist das kaum möglich: Schon die Beschreibung – ich hatte es oben angedeutet – gibt je nach persönlicher Perspektive auf den Gegenstand nur eine Auswahl.

Und doch: Es kann mit einer Haltung geschrieben und analysiert werden, die wegen des erstrebten Erkenntnisgewinns und der moralischen Integrität gleichsam »gegen den Strich bürstet«: gegen eigenes romantisches Wunschdenken, freilich auch gegen die Versuchungen opportunistischer Zugeständnisse an den Druck der veröffentlichten Meinung. Das erfordert eine geistige und moralische Anstrengung.

Kritisches Geschichtsdenken und politische Gegenwart

Historische Arbeit soll nicht nur dienen, für die Zukunft Lehren aus unserer Realgeschichte zu ziehen. Sie soll nicht nur für die Enkel sein, sondern für die Gegenwart wirken. Der arge Weg der Erkenntnis soll helfen, dass die Linken – und insbesondere die sozialistische, die antikapitalistische Linke – in Deutschland (natürlich nicht nur in Deutschland) wieder mit Einfluss politikfähig werden können, dass sie sich aus ihrer Niederlage erheben, ihre Zersplitterung überwinden, ihre kreative Vielfalt bewahren und wieder Anerkennung finden. Gewiss: Das sind schon gar keine spezifischen Aufgaben von Aufarbeitung nur der MfS-Geschichte. Doch die politische Realität macht gerade diesen Teil der Aufarbeitung gegenwärtig zu einer Schlüsselfrage.

Geschichtsschreibung als persönliche Leistung und als »Therapie«

Es gibt viele frühere Mitarbeiter des MfS, die teils erst ganz individuell, im stillen Kämmerlein, teils schon mit dem Gedanken an die Öffentlichkeit »schreiben«. Diesen individuellen Initiativen möchte das Insider-Komitee eine Möglichkeit der Konsultation, des Austauschs, der gegenseitigen Anhörung und der kritischen Diskussion geben. Beginnend ganz bescheiden schon während des nicht-öffentlichen Prozesses der individuellen Selbstverständigung, wie er beim Schreiben stattfindet. Es ist nicht gleichgültig, ob viele schreiben:

So kann ein Reservoir kritischen gesellschaftlichen Bewusstseins entstehen.

Auch unter »therapeutischen« Aspekten sind das Reden und das Schreiben etwas ganz wichtiges: Viele von uns sehen erschrocken, desillusioniert, orientierungslos, deprimiert, wütend, hilflos, verbittert, auf ihr Leben zurück und fragen, ob und welchen Sinn es gehabt habe. Gewiss muss jeder für sich eine Antwort finden. Wir können uns jedoch gegenseitig helfen, adäquate Antworten zu finden, die nicht in unfruchtbarer Resignation oder in Selbstgerechtigkeit verharren, oder die von Depression erstickt werden.

Viele schreiben »für die eigenen Enkel«. Weshalb nur für die »eigenen«, weshalb nicht unser aller »Dialog mit dem Urenkel«? Für den eigenen Enkel: Wohl hilft auch dies, sich zu vergewissern. Aber die Neigung zu romantisierender Darstellung oder unkritischer Selbstrechtfertigung könnte so wohl leicht Überhand gewinnen.

Objektive Autobiographie ist schwierig, schier unmöglich – freilich schon das Streben nach (selbst-)kritischer Objektivität wäre ein Gewinn. Und könnte das Insider-Komitee nicht dazu verhelfen – durch gegenseitig kritisches Zuhören und Nachdenklichkeit?

Dies ist kein Aufruf – wie manche kritisches Nachdenken über uns oft missverstehen und abweisen – zur »Selbstzerfleischung«. Aber es ist ein Aufruf zu politischem Verhalten.

(Veröffentlicht in: »Insiderkomitee zur Aufarbeitung der Geschichte des MfS«; IK-Korr-Spezial Nr. 1, GNN-Verlag, 1994)

Immer noch: »Ja, aber« oder Der arge Weg der Erkenntnis

(1993)

Als eine »charakteristische Erscheinung« beobachtet und kritisiert Ko-Moderator der »Zwie-Gespräche« Dieter Mechtel[1] eine Art Rechtfertigungsmuster vieler von uns »Ehemaligen« im kritischen Umgang mit (tatsächlichen und mit vermeintlichen) negativen Erscheinungen der DDR-Geschichte und des Versuches einer sozialistischen Alternative. »Ja«: unangenehme negative Tatsachen werden eingeräumt; mit »aber« werden sie dann unter Hinweis darauf relativiert, dass – man erlaube mir die zweideutige Ironie – auch woanders, insbesondere in der Alt-BRD, mit Messer und Gabel gegessen werde.

Vielen der sehr sensiblen Überlegungen Dieter Mechtels zur Kritik der Relativierung stimme ich zu. Ich werde meine eigenen Gründe nennen. Indessen verbleiben Anfragen nach den Ursachen dieser Erscheinung, nach offenkundig doch sehr unterschiedlichen Bezügen des »Ja, aber«, sowie ein wichtiger Einwand.

Auch ich bin der Ansicht, dass wir bei uns selbst beginnen müssen. Und zwar bei jenen Ansprüchen, unter denen wir angetreten waren, »etwas Neues hinzubauen«[2]. Etwas anders als Dieter Mechtel akzentuiere ich: Wir müssen uns an unseren eigenen Idealen selbst messen (und nicht nur messen »lassen«). Wir leisten das Eigene nicht, wenn wir uns passiv nur messen lassen. Tragen wir dann nicht ein Stückchen zu dem bei, was als ungerecht empfunden wird? Überlassen wir nicht das Feld auch solchen, denen es gar nicht wirklich um kritischen Umgang mit der gesamten Geschichte geht, die sich nicht für unser Lernen interessieren, sondern die als Sieger soziale Revanche, eine Demütigung, gar Rache wollen?

Ich bin nicht für Lamentieren an der Klagemauer, sondern für Selbstbewusstsein. Falls wir uns denn tatsächlich als Linke verstanden haben und weiter Linke bleiben wollen: Dürfen wir dann jener

Forderung ausweichen, die Marx – als dessen Enkel wir uns doch gern sahen – erhob?: »Die soziale Revolution […] kann ihre Poesie nicht aus der Vergangenheit schöpfen, sondern nur aus der Zukunft. Sie kann nicht mit sich selbst beginnen, bevor sie allen Aberglauben an die Vergangenheit abgestreift hat. […]

Proletarische Revolutionen […] kritisieren beständig sich selbst, unterbrechen sich fortwährend in ihrem eigenen Lauf, kommen auf das scheinbar vollbrachte zurück, um es wieder von neuem anzufangen, verhöhnen grausam-gründlich die Halbheiten, Schwächen und Erbärmlichkeiten ihrer ersten Versuche, scheinen ihren Gegner nur niederzuwerfen, damit er neue Kräfte aus der Erde sauge und sich riesenhafter ihnen gegenüber wieder aufrichte, schrecken stets von neuem zurück vor der unbestimmten Ungeheuerlichkeit ihrer eigenen Zwecke, bis die Situation geschaffen ist, die jede Umkehr unmöglich macht, und die Verhältnisse selbst rufen: Hic Rhodus, hic salta! Hier ist die Rose, hier tanze!«[3]

Ich beginne mit einem prinzipiellen Einwand zu Dieter Mechtel. Er schreibt zwar, es sei schon notwendig, »die Geschichte der DDR und der BRD in ihrer gegenseitigen Bedingtheit und im welthistorischen Kontext zu bewerten«. Aber nimmt er nicht diesen ganzheitlichen Anspruch zurück, wenn er den DDR- und BRD-Bürgern eine sozusagen jeweils eigene wirkliche Kritik-Kompetenz zuspricht (»in erster Linie«, »Ich fühle mich moralisch dazu nicht berechtigt, ich habe dort nicht gelebt«)? Ob West- oder Ostdeutsche: wir alle müssen uns der ganzen deutschen Geschichte stellen.

Deren Ganzheitlichkeit kann nicht mit einer Addition jeweiliger west- und östlicher »Aufarbeitung« hergestellt werden. Die gewiss aus unterschiedlicher Erfahrung, unterschiedlichem Beteiligtsein rührenden Schwierigkeiten und »Kompetenzen« heben die Forderung nicht auf. Folgten wir dem Grundsatz »getrennter« Aufarbeitung, blieben dann in dieser Logik die Jüngeren nicht davon entbunden, immer wieder neu über die von Deutschen begangenen Jahrhundertverbrechen verantwortlich nachzudenken, da sie doch damals – »dort« – noch nicht lebten? Außer Dr. Kohls »Gnade der späten Geburt«, die gefährlich auf eine Leugnung der anhaltenden historischer Verantwortung hinausläuft, reproduzierte sich dann noch die »Gnade des Geburtsortes« und einer danach privilegierten Urteilskompetenz.

Wenn wir – Manfred Kossok folgend – mit der »Befragung des eigenen Tuns« beginnen, dann war und ist es doch immer ein Tun unter den Bedingungen der faschistischen Vorgeschichte, des real existierenden Kampfes zweier Weltsysteme, darin der deutschen Spaltung, sowie der heutigen Interessen.

Die genannten historischen Bedingungen hatten Folgen für die Härte und die Exzesse des Kampfes, der sich stets durch individuelles Handeln vollzieht.

Haben wir ein Recht, Brechts Weisheit zu ignorieren, der in seinem Gedicht »An die Nachgeborenen« schrieb: *[…]*

Ihr, die ihr auftauchen werdet aus der Flut,
In der wir untergegangen sind,
Gedenkt,
Wenn ihr von unseren Schwächen sprecht,
Auch der finsteren Zeit,
Der ihr entronnen seid.
Gingen wir doch, öfter als die Schuhe die Länder wechselnd,
Durch die Kriege der Klassen, verzweifelt,
Wenn da nur Unrecht war und keine Empörung. Dabei wissen wir
doch:
Auch der Hass gegen die Niedrigkeit
Verzerrt die Züge.
Auch der Zorn über das Unrecht
Macht die Stimme heiser. Ach, wir,
Die wir den Boden bereiten wollten für Freundlichkeit,
Konnten selber nicht freundlich sein.
Ihr aber, wenn es soweit sein wird, dass der
Mensch dem Menschen ein Helfer ist,
Gedenkt unsrer
Mit Nachsicht.[4]

Seit ich Brechts Verse zum ersten Male las, versuchte ich sie als Mahnung zu beachten. Ich möchte aber nicht so selbstgerecht sein mir einzubilden, damit sei die konstatierte historische Spannung aufgehoben und für mich wirkungslos geworden.

Das »Ja, aber« hat viele Bedeutungen und Facetten. Wir wollen ihnen nachspüren.

1.

»Ja, aber« – ist bei vielen, die sich seiner bedienen, wohl weniger eine echte Relativierung, sondern ein spontaner Verteidigungsreflex. Er spiegelt in einer – oft noch unkritischen – Weise Brechts Beobachtung für sie selbst wider.

Dürfen wir davon absehen, dass es sich bei vielen Betroffenen um ein reales Moment ihrer eigenen konkreten Sozialisation handelt, die z. B. in KZ und in der Emigration stattfand? Und die sich teilweise auf die Folge-Generationen vererbte?

Ich selbst hatte unter den Nazis – sieht man von den Kriegswirkungen ab – nichts erlitten. Aber ich war empfindsam genug nachzuerleiden, was meine politischen Väter in Buchenwald und Auschwitz erlitten, in der Emigration in der Sowjetunion, in Frankreich, China, Israel und Mexiko erlebten und in den Schützengräben Spaniens, im Maquis in Frankreich und an anderen Orten bestanden. Ich hatte auch verstanden, dass all das nicht nur passive persönliche Leidengeschichten waren, sondern Momente der Durchsetzung rassistisch, chauvinistisch und antikommunistisch legitimierter deutscher Machtinteressen und des mutigen Widerstandes. Einen Teil der Härte und Konsequenz meiner politischen Väter habe ich bewusst übernommen. In Auschwitz und im Ghetto Warschaus, in Buchenwald, Dachau und Mauthausen, am Blockade-Denkmal in Leningrad – als Besucher nach 1945 – habe ich sie bekräftigt.

Übrigens sollte beim Räsonieren nicht vergessen werden, das die Kommunisten – natürlich nicht nur sie – selbst sehr hart im Nehmen waren. Ihre Härte war Bedingung ihrer Überlebensfähigkeit im Faschismus. Den Menschen aus diesem Holz ist die heute nicht seltene Larmoyanz fremd.

Ausserdem: Die Welt ist keine Idylle. Nur in einem Pensionat für höhere Töchter ist die Welt so idyllisch, dass dies ohne Heuchelei geleugnet werden dürfte.

Wird der spontane Verteidigungsreflex – was ihn nicht besser macht, aber verstehbar – nicht geradezu provoziert, wenn eine zwar nicht definierte, aber konkrete individuelle Schuld und Schuldfähigkeit als per se gegeben offen behauptet oder suggestiv unterstellt wird? Mit einer Kollektivschuld-Konstruktion wird die individuelle Präsumtion der Unschuld ausgehebelt, die bis zum Beweis des Gegenteils gilt.

Vielleicht ist noch anzumerken, das mit den pauschalen Schuld-abforderungen ein Gestus der Arroganz einhergeht, welcher den individuellen »Tätern« (schon dieser Begriff setzt suggestiv eine Kriminalisierung voraus!) eigene Ideale, eigene lautere Motive, eigenes lauteres Verhalten und das Recht auf Irrtum und Lernen abspricht.

Als Angehöriger der Nachkriegsgeneration ist mir noch gut in Erinnerung, wie vehement und »fürsorglich« seinerzeit im deutschen Westen jegliche Kollektivschuld der Deutschen oder der Angehörigen der Nazi-Partei oder der SS zurückgewiesen wurde, angesichts von Auschwitz und deutscher Aggressionskriege ...

Sollte wirklich unzulässig sein fragen: »Ja, aber: waren nicht von sechs deutschen Bundespräsidenten drei Mitglieder der NSDAP?«

Wem fällt, angesichts gewisser tatsächlicher – nicht zugeschriebener! – Kontinuitätslinien nicht die Heuchelei auf? Das ist auch deutsche Geschichte, sehr gegenwärtige sogar. »Der Schoß ist fruchtbar noch, aus dem das kroch« (Brecht), wir sehen es doch nicht erst seit Mölln und Solingen.

2.

»Ja, aber ...« ist bei anderen, die sich seiner bedienen, keine Relativierung, sondern nur eine Anmahnung an Integrität bei der Beschreibung und Wertung dieser nichtidyllischen ganzen Welt.

Gegen die DDR gibt es groteske Vorhaltungen. Selbst »Messer und Gabel« möchten ihr verwehrt sein. Eine der typischen und nicht zufälligen Grotesken ist die Strafverfolgung der Leute von der Spionageabwehr der DDR. Im Nachhinein wird – als ob es z. B. den Grundlagenvertrag DDR-BRD nicht gegeben hätte – sogar mit dem Vorwurf des »Landesverrats« (!) – der DDR das Recht aberkannt, nicht nur selbst gegen die BRD Spionage betrieben zu haben, sondern sogar die bundesdeutsche Spionage gegen sich abzuwehren![5]

»Ja, aber ...« ist in diesem Kontext keine Relativierung, sondern die Abwehr einer dreisten Geschichts- und Rechtsverfälschung. Deren Methode ist ja nicht ohne Interessen und Eigennutz. Man kann sich nur freuen, dass sie auch »im Westen« auf prominente Kritik stößt, wenngleich bislang wenig wirksame. »Ja, aber« enthält in diesem Kontext den zulässigen Hinweis auf die Pharisäer: Wer im Glashaus sitzt, soll nicht mit Steinen werfen. Umgang mit der Geschichte verlangt von allen Teilnehmern den Verzicht auch Heuchelei. Das ist keine »Berufung« auf den »gestern noch bekämpften« Gegner.[6]

3.

»Ja, aber« ist ferner für viele berechtigter Widerstand gegen jene Verfälschung der DDR- bzw. Sozialismuswirklichkeit, die nur Formen, Erscheinungen heraushebt, während angestrengt politische Inhalte verdrängt, gar tabuisiert werden. Beispiel: Bei aller berechtigten Kritik an den unzureichenden subjektiven politischen Bürgerrechten wird bemüht ausgeblendet, tabuisiert, dass es sich bei den subjektiven sozialen Menschenrechten und ihrer materiellen Gewährleistung völlig anders verhielt. Im günstigsten Falle findet statt des Blickes auf das Ganze, auf seine Widersprüchlichkeit und Vielgestaltigkeit eine Selektion von Tatsachen und Gegebenheiten statt. Im schlimmsten Fall wirkt das Prinzip der Boulevardpresse: »Alles darf falsch sein, nur die Namen müssen stimmen.«

4.

Mit »Ja, aber ...« erfolgt ein Bestehen darauf, dass der DDR als souveränem Staat – der ein Produkt historischer Prozesse und nicht das subjektive Spiel irgendwelcher Bösewichter war – das legitime Recht des Schutzes ihrer verfassungsmäßigen Ordnung und gegen äußere Einmischung und Angriffe zustand.

Wer die DDR mit konkreten Interessen oder aus politischen oder ideologischen Gründen nicht gemocht und auch – tatsächlich bekämpft hat, sollte doch nicht verlangen, ausgerechnet dieser deutsche Staat und nur er allein hätte keine Legitimation besessen, sich auch mit repressiven Mitteln gegen Hoch- und Landesverrat, oder gegen Sabotage[7] zu schützen, wie jeder beliebige andere Staat auch.

Das »Ja, aber ...« ist facettenreich. Deshalb bin ich für eine präzise Bestimmung: Bei der Ausübung der staatlichen Schutzfunktionen wird die Berufung auf »Ja, aber ...« untauglich,

– wenn sich der legitime Schutz unter Verzicht auf Politik und offene demokratische Auseinandersetzung auf die Repression verengte,

– wenn die Repression keiner Verhältnismäßigkeit genügte,

– wenn gar grobe Fehleinschätzungen schon im Vorfeld stattfanden und sich Korrekturen entzogen.

– Schließlich wenn die staatlichen Sicherheitsorgane und die

Justiz auch für interne politische Differenzen der SED-Spitze oder für deren Subjektivismus missbraucht wurden, und

– wenn die Sicherheitsorgane sich nicht streng der Selbstbindung an Verfassung und Gesetzlichkeit unterwarfen und deren Unverbrüchlichkeit z. B. mit einem willkürlichen tagespragmatischen »Primat der Politik« relativiert wurde.

»Ja, aber …« genau die eben skizzierte Unverhältnismäßigkeit ist zwar in der Geschichte der BRD nicht minder real[8], doch das kann kein zureichendes Argument sein für eine »Relativierung«. Denn eine sozialistischen Gesellschaft muss strengere Maßstäbe als die bürgerliche Gesellschaft angelegen an den demokratischen politischen Umgang mit den Widersprüchen in der Gesellschaft, an die Qualität der Beurteilung von Menschen, an die Bestimmung der Verhältnismäßigkeit bei exekutiven Handlungen, sowie an die Fähigkeit, Fehlurteile und Fehlhandlungen, Fehlentwicklungen zu korrigieren.

5.

Schließlich tritt »Ja, aber …« auf als wirkliche, als echte Relativierung. Allerdings halte ich den Begriff »Relativierung« für nicht ganz glücklich, weil er »fundamentalistisch« unterstellt, es gäbe denn tatsächlich Absolutes.

Für diesen Diskussionsbeitrag verwende ich ihn weiter und identifiziere ihn als eine Variation des Satzes »So machen's alle«. Denn dieses Denken steckt dahinter. Noch Probleme?: Cosi fan tutte! Wie bequem doch, jede kritische Reflexion, gar selbstkritisches Lernen kann unterbleiben. Es ist die völlige Absage an ethische Ansprüche in der Politik. Es ist die nackte Bürgerlichkeit[9] (wenn Markt und Geld die letztlich entscheidenden Effizienz-Kriterien sein sollen, hat dieser Standpunkt sogar seine Logik).

Der Relativierung »So machen's alle« begegne ich mit scharfer Kritik. Um ihr bei meinesgleichen Gehör und Nachdenklichkeit zu verschaffen, verbiete ich mir die wohlfeilen, so verführerischen und bequemen Vereinfachungen. »Ja, aber …« hat viele Bezüge.

Die Relativierung ist, wie mir scheint, auch nicht einfach ein akuter Reflex. Sie reicht tief in die Geschichte des realen Sozialismus und seiner Machtausübung zurück. Wir müssen ihre Bezugspunkte erkunden.

Noch am einfachsten ist »So machen's alle« als Satz der moralischen Gleichgültigkeit von Karrieristen, denen die Karrieren alles,

Ideale ohnehin nichts gelten. Wer wollte bestreiten, dass es die Karrieristen (in systemangepasster Form) auch im realen Sozialismus gab, dass diese Bürgerlichkeit durch den Verlust sozialistischer Ideale begünstigt war?

Aber wie mit jenen von uns, die in den Konflikten und Kämpfen aufgegeben haben, die resignierten und denen der Satz »So machen's alle« eine Chiffre des Zynismus wurde? Günter Gaus postuliert das Recht jedes Menschen auf eine (seine) Nische, auf Mitläufertum – auch auf Zynismus?

Ich habe da meine größten Schwierigkeiten. Gewiss sind wir alle in Umstände und Prozesse hineingeboren, aber doch immer mit eigenem Kopf, eigenem Denken, eigenem Willen – und mit eigener Verantwortungsfähigkeit ausgestattet.

In Konflikten tun sich Alternativen auf. Wir müssen uns schon prüfen, weshalb – nicht in Form von Putschismus, sondern von »preußischem Ungehorsam« – z. B. aus dem MfS heraus nicht ein konsequentes und mutigeres Drängen auf Konsequenzen folgte? Dies gerade vor dem Hintergrund des persönlichen Mutes, mit dem Initiatoren der Bürgerbewegungen die ihnen als richtig erscheinenden Fragen aufwarfen? Um so mehr, als viele dieser Fragen – nimmt man sie so, wie sie seinerzeit gestellt wurden – keine DDR-feindlichen Inhalte ausdrückten und wohl auch nur in wenigen Fällen solche Absichten verbergen sollten. Denn waren diese Fragen nicht vielfach an sowjetischen Reformbemühungen orientiert und eng verwandt mit Vorstellungen, die sowohl innerhalb der SED, als auch im MfS selbst erörtert wurden?! Und: Besaß das MfS nicht ein viel authentischeres Bild über die tatsächliche Situation in der DDR (insbesondere auch ihrer Wirtschaft), als es die Strömungen der Bürgerbewegung haben konnten? Hätte uns dies nicht eher zu mutigem Kampf für unsere Sache veranlassen sollen?

Das ist eines der für uns unbequemsten Probleme. Das historische Ergebnis gestattet nicht mehr, uns darüber hinweg zu mogeln.

Ich nenne jetzt nur einige Fragen, die mir viel wichtiger scheinen, als die Beschränkung auf oder ein Lamento mit »Ja, aber«. Meinesgleichen wollen künftigen Generationen hinterlassen, was wir denn aus dem Scheitern unseres Versuches gelernt haben und welche Fehler sie vermeiden können (um dann ihre eigenen zu machen).

Genügen Erklärungen mit Befehlssystem und Parteidisziplin? Oder mit ideologischen Irrtümern?

Oder gar mit persönlicher Feigheit, zumal viele der älteren Kader der SED, des MfS usw. oft genug Mut und nicht Feigheit bewiesen hatten?

Welche Rolle spielte das »Feindbild« – in seinen richtigen und realistischen Aussagen, aber auch in seinen Verzerrungen und Trivialisierungen – für das Unterlassen »preußischen Ungehorsams« um doch das zu schützen, womit sich unsere Ideale verbanden?

Welche sozialpsychologischen Prozesse fanden statt, die zu Realitätsverlust nicht nur in der Führung der SED und der DDR gerieten, und die auch zu einer partiellen Enthumanisierung führten (z. B. bei der Ausübung der Repressionsfunktionen durch die Polizei und andere Sicherheitsorgane)? Welches waren die individuellen Vermittlungen, die zu solchen Erscheinungen führten?

Mit »Ja, aber ...« ist der »Befragung des eigenen Tuns« nicht beizukommen. Aber ebensowenig ist dieser Erkenntnisweg gangbar, wenn eigentlich gar nicht danach gefragt, sondern in Wirklichkeit ein demütiges Abschwören verlangt wird, wie vor dem Kardinalgroßinquisitor.

Ich bin für eine Rückbesinnung auf Rosa Luxemburg, die sich nicht auf den berühmten einen Satz reduziert, sondern ihre nachdenkliche und konstruktive Kritik »Zur russischen Revolution« aufgreift, ihre Warnung vor der Gefahr der Degeneration der Diktatur des Proletariats zu einer »Diktatur im rein bürgerlichen Sinne« durch Verzicht auf »breiteste Öffentlichkeit, unter tätigster ungehemmter Teilnahme der Volksmassen, in unbeschränkter Demokratie«.[10]

Vom Gewinn der Niederlage

Diskussionsbeitrag auf der Mitgliederversammlung
des Insiderkomitees, 9. April 1994

Im Jahre 1947 hielt Johannes R. Becher auf dem ersten Bundeskongress des Kulturbundes zur demokratischen Erneuerung
Deutschlands eine Rede, deren Leitmotiv und Ansatz ich für meinen Diskussionsbeitrag übernehme: »Vom Gewinn der Niederlage«.

Gewiss ist die Niederlage, mit der wir uns auseinanderzusetzen
haben, von einer anderen Art als jene, über die Becher sprach[11]. Die
Unterschiede sind fundamental. Beide Niederlagen sind nicht
gleichsetzbar. Aber lehrreich ist der dialektische Ansatz Bechers, in
der Niederlage nicht allein Negatives, sondern auch Chance und
Gewinn zu sehen.

Becher datierte die Niederlage nicht oberflächlich im Mai 1945.
Dieses Datum war und ist vor allem das einer Befreiung. Nein, die
Niederlage für die Arbeiterbewegung, den Humanismus, die Frei-
heit der Völker Europas, das Lebensrecht der Verfolgten und den
Ruf Deutschlands hatte 1933 längst schon begonnen.

Auch die Niederlage, mit der wir uns nun auseinandersetzen, ist
nicht oberflächlich im Jahre 1989 zu orten. Unser Eigenanteil – über
den wir zu sprechen haben – beginnt in den frühen Jahren der DDR.

Becher betrachtete die damalige Niederlage nicht als ein unabwendbar gewesenes und ohne eigene Mitschuld entstandenes Fak-
tum. Er versagte sich jene auch heute einflussreiche geistige
Bequemlichkeit, alle Schuld nur bei den »Verhältnissen«, bei den
Interessen des deutschen Großkapitals und dessen brutalem Macht-
streben zu suchen. Er suchte nach dem eigenen Anteil, also nach
verlorenen, aber künftig zu sichernden Alternativen.

Auch wir sollten unsere Niederlage nicht als ein unabwendbar
gewesenes und ohne eigene Mitschuld entstandenes Schicksal
betrachten. Wir dürfen nicht vor der unbequemen Analyse unseres
Eigenen fliehen, indem wir dem alten und falschen ideologischen
Satz weiter folgen, wonach es in der DDR keine Widersprüche, nur

übereinstimmende Interessen und Harmonie gegeben habe und folglich alles Übel nur von außen kommen konnte. Wir können uns nicht auf mechanistisch wirkende globale Kräfteverhältnisse berufen, auf alternativlose »Verhältnisse«, »Strukturen«, auf »System« oder gänzlich kleinkariert auf eine »Befehlsordnung«. Wir müssen – wie Becher – nach dem eigenen Anteil suchen.

Becher sprach über eine schreckliche Niederlage. Und doch verarbeitete er sie nicht resigniert, sondern dialektisch: Er verlangte Erkenntnis, auch über eigenes Versagen, welches diese Niederlage wenn nicht ermöglichte, so doch begünstigte. Er verlangte Lernen und daraus praktische Konsequenzen. Das muss auch für uns gelten. Umso mehr, als unsere Niederlage kein Betriebsunfall ist und eine große historische Dimension besitzt.

Uns, so glaube ich, wäre sehr hilfreich und guttuend, erinnerten wir uns des philosophischen und politischen Formats Bechers und der Seinen, wenn wir uns anschicken, aus Größe und Elend unserer, d.h. der auch von uns gemachten, Geschichte zu lernen. Nicht in Bauchlage mit mea culpa, maxima culpa, sondern angestrengtes, intensives und unbedingt öffentliches Lernen, so denke ich, ist eine uns anstehende Form der Selbstkritik. Mir scheint das Anknüpfen an Johannes R. Becher übrigens auch deshalb produktiv, weil zwischen beiden Niederlagen ein Zusammenhang dadurch vermittelt ist, wie – und eben nicht nur in der DDR! – tiefgreifend aus der ersten Niederlage eine prinzipielle Alternative gewonnen oder nicht gewonnen worden war. Jeder versteht, auf Lübeck schauend, wie »brennend« aktuell diese Bezüge sind.

Ich bin nicht glücklich über unsere hier verteilten Thesen: Sie zwicken uns nicht, sie sind mir zu bequem und weichen den konkreten harten Fragen an uns aus. Sie sind mir zu defensiv gegen »Freund und Feind«.

Meine Absicht ist deshalb, uns ein wenig zu provozieren, uns von der spießigen Klagemauer und aus dem Jammertal zu reißen, in dem viele – aus welchen einzelnen subjektiven Gründen und Zusammenhängen auch immer – noch verharren. Wollen wir Geschichte wirklich aufarbeiten, verlangt das eine außerordentliche geistige, moralische und emotionale Anstrengung des Lernens und Begreifens. Wir müssen uns der Zukunft willen, im »Dialog mit dem Urenkel«, Rechenschaft darüber geben, welches unser Anteil, welches unsere vermeidbaren Anteile an unserer heutigen Niederlage sind. Es ist eine Niederlage, die wir nicht – eine fehlerhafte Neigung fortsetzend – DDR-zentristisch sehen wollen und dürfen. Aber sehr wohl mit der DDR als einem »strategischen« Punkt des Umkippens.

– Hatte es zu unserer Niederlage – im subjektiven Bereich – keine Alternative mehr gegeben?
– Mussten die Dinge ihren mechanistischen Gang gehen?
– Und welches war darin unsere subjektive Rolle?

Verschwindet »das Positive«?

Ich verspüre einen Einwand: Hier sei nur von den zu bestimmenden Gründen der Niederlage die Rede. Verschwinde denn da nicht »das Positive«, das Gute, das verteidigt werden müsse? Gegenwärtig vorherrschend ist wohl eher eine umgekehrte Betrachtungsweise: Wir reflektieren – freilich auch als eine Abwehrreaktion gegen die Verfälschung der DDR und unseres Tuns – zuerst das Legitime, das Richtige, das Gute usw. – um dann Relativierungen vorzunehmen. Indessen: Weshalb dann aber hatte all dies Positive, Gute sich nicht behauptet? Weshalb dann blieben wir nicht die bekannten »Sieger der Geschichte«? Weshalb verloren wir beim Volk der DDR jene Mehrheit, die sich aus Mittun, Zustimmung und loyaler Duldung gefügt hatte?

Deshalb: Wenn wir aus der Niederlage Gewinn ziehen wollen, dann müssen wir sie erst einmal annehmen. Nur wenn wir sie annehmen und alle, auch die uns rasend unbequemen Umstände und wirkenden Faktoren namhaft machen und analysieren, werden wirklich Größe und Elend zu scheiden sein, werden die zu verteidigenden Leistungen des realsozialistischen Versuchs zuverlässig identifizierbar sein.

Ihr fühlt, ich habe nicht Nostalgie im Sinn. Ich werde nicht über »die goldenen 20er Jahre« reden. Obwohl ich noch immer – wie Klaus Croissant – der Ansicht bin, dass die DDR der bessere von beiden deutschen Staaten war. Aber warum ist er untergegangen, schmählich gar? Tatsächlich nur, weil er der schwächere, der ärmere war? War er immer der politisch schwächere? Hätte er politisch immer der schwächere sein müssen?

Bis jetzt, so wird Euch aufgefallen sein, habe ich nicht einmal speziell vom MfS gesprochen. Denn bevor wir über das MfS speziell etwas zu sagen haben, müssen wir die Koordinaten bestimmen. Wir müssen über den Gesamtzusammenhang, über die Philosophie des Ganzen sprechen.

Wenn wir dies unterlassen, wenn uns dies zu unbequem ist, betreiben auch wir – mit Vorzeichenverkehrung – nur eine »Stasi«-Debatte, selbstgerechte und klagende Nabelschau, ohne historisches Format.

Bechers Adressat 1947 war das ganze deutsche Volk. Er – und seinesgleichen[12] – klopfen sich als gestandene Antifaschisten nicht selbstgerecht an die Brust und verkündeten ihre Wahrheit und basta! Nein, sie mühten sich um die zeitgenössische Mentalität ihres Adressaten, so, wie er war und dort, wo er abgeholt werden musste.

Nicht uninteressant, dass gleichzeitig und unabhängig voneinander die Führung der KPD in Moskau und Brecht im fernen Kalifornien darin übereinstimmten, welche Anknüpfung an die zeitgenössische Mentalität geboten war. Deshalb zitierte Becher nicht Marx, sondern Goethe und Hebbel über den Sinn von Niederlagen, aber auch – wie klug war er doch – den großen Franzosen Romain Rolland: »Die Niederlage schmiedet die Auslese um, sie siebt die Seelen; alles Reine und Starke stellt sie abseits; macht es noch reiner noch stärker.«

Friedrich Hebbel zitierte er so, wie es auch für uns aktuell ist: Dem Volk, das über sich Gericht halte – statt »Volk« setzen wir bescheiden einmal uns ein – sei »nämlich Gelegenheit gegeben, die Vergangenheit zu reparieren und sich der letzten Sünden abzutun«.

Ich verspüre, welche Bedenken diese Metaphern auslösen mögen. Die Vergangenheit sei »reparierbar«? Ich fühle das Befremden über die angesprochene »Sündhaftigkeit«. Auch von »Auslese« wollen wir nichts mehr hören – aber dünkten wir uns vor Tische nicht als eine Avantgarde?

Meine Hoffnung ist, dass wir nicht völlig und nicht alle zu etatistischen Machttechnikern mit rotem Anstrich verkommen sind, die sich nun ins Nichts gefallen sehen und über Sinnverlust jammern. Ich weigere mich anzunehmen, dass denn uns allen die weiland geläufigen Berufungen auf Marx und Engels, auf Bebel und die Liebknechts, auf Rosa und auf Lenin nur bedeutungslose Leerformeln gewesen sein sollen. Nur Lippenbekenntnisse, ohne emotionale Verinnerlichung. Ich weigere mich anzunehmen, die Feier der antifaschistischen Märtyrer sei nur Bekenntnis gewesen, dessen

Kosten wir scheuten, wenn's jetzt um uns selber ginge. Meine Provokation ist, uns bei unseren früheren Worten zu nehmen. Mein Appell greift auf, was in uns noch LINKS geblieben ist.

Für uns zitiere ich nun – auch für diejenigen, die auf's früher gewohnte Marx-Zitat nicht verzichten wollen – nicht Goethe und Hebbel, sondern die vertrauten Marx und Engels (sind sie uns wirklich so vertraut?). Zuerst einen Fundamentalsatz von Marx, notiert nach einer historischen Niederlage: »Die soziale Revolution [...] kann ihre Poesie nicht aus der Vergangenheit schöpfen, sondern nur aus der Zukunft. Sie kann nicht mit sich selbst beginnen, bevor sie allen Aberglauben an die Vergangenheit abgestreift hat. [...]

Proletarische Revolutionen [...] kritisieren beständig sich selbst, unterbrechen sich fortwährend in ihrem eigenen Lauf, kommen auf das scheinbar vollbrachte zurück, um es wieder von neuem anzufangen, verhöhnen grausam-gründlich die Halbheiten, Schwächen und Erbärmlichkeiten ihrer ersten Versuche, scheinen ihren Gegner nur niederzuwerfen, damit er neue Kräfte aus der Erde sauge und sich riesenhafter ihnen gegenüber wieder aufrichte, schrecken stets von neuem zurück vor der unbestimmten Ungeheuerlichkeit ihrer eigenen Zwecke, bis die Situation geschaffen ist, die jede Umkehr unmöglich macht, und die Verhältnisse selbst rufen: Hic Rhodus, hic salta! Hier ist die Rose, hier tanze!«[14]

Soweit Marx. – Ihr seht, bei ihm finden sich deftige Forderungen, aber kein einziger Klageton.

Wir wollen uns also »Lichter aufstecken« und nicht einander selbst bestätigen, wie gut eigentlich wir waren, oder gar bemitleiden, wie falsch wir doch beurteilt werden.

Natürlich haben wir Gutes gewollt, viel Gutes versucht, getan und zweifellos Gutes auch erreicht. Aber wir haben auch unseren Idealen zuwider gehandelt und uns von ihnen entfernt. Das bedarf des tiefen Nachdenkens. Denn so einfach, wie es der vielfache fundamentalistische Vorwurf besagt, wir hätten nicht widerspruchsfrei nach unseren Idealen gehandelt, ist es nicht. Das ist zwar eine richtige Feststellung, aber so ist das Leben: Ideal-Wirklichkeits-Konflikte wird es immer geben. Die muss man nicht scheuen. Vermutlich kennt nur die kapitalistische Marktwirtschaft keine Ideal-Wirklichkeits-Konflikte, mangels Idealen. Und Brecht trifft ein Moment unserer Ideal-Wirklichkeits-Koflikte mit seiner Bitte an die Nachgeborenen um Nachsicht[15]:

Auch der Hass gegen die Niedrigkeit
Verzerrt die Züge.
Auch der Zorn über das Unrecht
Macht die Stimme heiser. Ach wir
Die wir den Boden bereiten wollten für
Freundlichkeit
Konnten selber nicht freundlich sein.

Der kritische Punkt ist ein anderer: Haben wir unsere Ideale dadurch verraten, preisgegeben, verdrängt, indem wir aus der Not die bequeme Tugend machten, und danach auch dann noch handelten, als keine Not mehr bestand?

Als wir von den Zwängen der Illegalität im Faschismus, von den Zwängen des Terrors und bürgerlicher Klassenjustiz befreit waren?

Als mit dem Volkseigentum die ökonomische Machtbasis des privatkapitalistischen Eigentums aufgehoben war? Als »wir« die politische Macht besaßen? Als wir die kritische Besinnung aufgaben und – vor allem aber: das Handeln nach Verhältnismäßigkeit der Mittel? War es nicht so, dass sich bei uns auch »Skrupellosigkeit« und Gewöhnungseffekte an – höflich ausgedrückt – Machtmißbräuche ausbreiteten? Finden sich dazu keine Spuren z.B. in den von uns benutzten Worten?

Haben wir nicht – nicht nur, aber vor allem – deshalb Führung und Akzeptanz verloren und darum eine Niederlage gewaltiger und vermutlich langwieriger Dimension erlitten?

Ich benutze bewusst unser altes Wort »wir«, mit dem wir so viel Schindluder getrieben haben. Ich benutzte es als Zitat – weil niemand von uns aus seiner Teilhabe an diesem »wir« entlassen ist und sich entlassen kann, Herr Schabowski ausgenommen. Ich benutze dieses »wir« mit der Aufforderung, es deshalb auch als ein »Ich« zu verstehen. Ich nenne hier nicht die SED, weil ich uns frage: »Wer aber war die Partei?« Wir etwa nicht? Richtig: das Politbüro oder vielleicht nur drei oder vier seiner Mitglieder setzten die Partei mit sich gleich. Mit wem – damals – identifizierten aber wir die Partei? Nicht auch mit uns selber?

Halten wir uns an Marx' »Achtzehnten Bruimaire« und nutzen wir die uns durch die Niederlage gegebene Chance: Jetzt, befreit von der Trägheit unserer Bewegung auf einem eingefahrenen Geleise, können wir gleichsam neben uns treten und uns kritisch betrachten, mit Marx' Worten: wir können den Aberglauben an unsere eigene Vergangenheit abstreifen. So könnte Erkenntnisgewinn ein Hauptgewinn werden.

Denn: Wurde nicht uns allen beim Nachdenken schon offenbar, wie sehr wir in DDR-Zeiten gefesselt waren von einem Gespinst aus selbstgelegten, sich verselbständigten ideologischen Konstrukten und Vorurteilen? Ist es nicht so, dass wir sie unkritisch fortgeschrieben haben? Über diese Tatsache herrscht Konsens. Die Lernfrage ist aber: Warum eigentlich? Viele Momente wirkten zusammen, die nicht zusammen gehörten:

– richtige Loyalität und Disziplin – aber auch Opportunismus und Gehorsam;

– die Ablehnung des Kapitalismus und des »Schoßes, der fruchtbar noch« (Brecht) – aber eine flache Apologie unserer eigenen Verhältnisse.

– Waren wir nicht reichlich befangen in den Eigengesetzlichkeiten, auch in der inneren Logik von Geheimdiensten?

– Und produzierten Opportunismus und Misstrauen nicht die Mittelmäßigkeit?

An dieser Stelle setzt gewöhnlich der Verweis auf die »Systemzwänge« ein. Natürlich gab es die – Systeme wirken so. Aber unantastbar durch Reform und Revolution?

»Ideologie«, »ideologisch« waren früher bei uns Hauptworte. Bis zum Überdruss haben wir sie strapaziert, wohl jeder von uns. Verstört sehen wir nun, wie wenig uns die »ideologische Arbeit« vor der Niederlage bewahrt hat. Weshalb aber? Gewiss – wenn ich bei unserer alten Begrifflichkeit bleibe – hat Ideologie eine enorme verhaltensleitende Bedeutung. Sie vermittelt Wertungen und Motive. Aber – müssen wir uns fragen – war uns »Ideologie« nicht zu einem wirklichkeitsfremdem Konstrukt geworden, immer mehr zu einer Pflichtübung im Gebrauch von Leerformeln und schönen Farben? Wie kam es zu unserem Realitätsverlust trotz genauer Kenntnisse der Tatsachen des inneren Zustandes der DDR – gerade bei uns im MfS?

Eine generalisierende Antwort – die wir unseren Enkeln ans Herz legen müssen – ist, dass wir für uns ignorierten, was Engels an Mehring über die Verselbständigung der »Ideologie« schrieb. Erlaubt mir die Kerngedanken Engels' zu zitieren:

»Die Ideologie ist ein Prozess, der zwar mit Bewusstsein vom sogenannten Denker vollzogen wird, aber mit einem falschen Bewusstsein. Die eigentlichen Triebkräfte, die ihn bewegen, bleiben ihm unbekannt; sonst wäre es eben kein ideologischer Prozess. Er imaginiert sich also falsche rsp. scheinbare Triebkräfte. Weil es ein Denkprozess ist, leitet er seinen Inhalt wie seine Form vom reinen Denken ab, entweder seinem eigenen oder seiner Vorgänger. Er arbeitet mit bloßem Gedankenmaterial, das er unbesehen als durchs Denken erzeugt hinnimmt und sonst nicht weiter auf einen entfernteren, vom Denken unabhängigen Ursprung untersucht, und zwar ist ihm dies selbstverständlich, da ihm alles Handeln, weil durchs Denken vermittelt, auch in letzter Instanz im Denken begründet erscheint.«[16]

Wieso – so wollen wir uns auch fragen, so müssen wir uns fragen – klaffen unser Selbstbild und das derzeit noch immer vorherrschende Fremdbild über uns politisch (!) so verheerend auseinander? Ich meine jetzt nicht vordergründig zuerst das MfS-Bild, sondern das vormalige Bild von Gesellschaft und Staat? Das gilt analog natürlich auch für das eigene und das Fremdbild vom MfS, welches Buhmann-Eigenschaften zugewiesen erhielt. Welches ist unserer vergangener Anteil, aber auch: welches ist unser gegenwärtiger Anteil daran? Haben wir nicht, so müssen wir uns fragen, auch Wahrnehmungsmauern errichtet – bis heute und hier wirkend?

Günter Gaus, einer der klügsten und verständnisvollsten kritischen Beobachter der DDR, legte 1983 sein Erinnerungsbuch an seine DDR-Jahre vor[17]. Die DDR, so beschrieb er sie mit liebevollem Ton, sei ein Staat der kleinen Leute. Wie reich, wie differenziert war seine scharfsichtige Wahrnehmung der DDR.

Weshalb war uns das nicht möglich? Heute nun räsonieren wir gern, wie fehlbeurteilt wir doch seien, wie groß die Kluft unseres Selbstbildes und der Bilder über uns. Wir sollten nicht so fortgesetzt selbstgerecht sein zu glauben, Annäherungspflicht bestehe nur für das Fremdbild! Ich rede hier natürlich nicht über *Bild* und *Spiegel*, von denen Annäherung sicher erfolgte, wenn sie profitabel wäre, aber nicht aus Wahrheitsliebe.

Wir müssen – Thema für »Aufarbeitung« von Geschichte – Liegengebliebenes in der Tat aufarbeiten. Ich empfehle uns allen die Bücher Günter Gaus' – und seine TV-Porträts – als Pflichtlektüre, wenn zu lernen ist, wie wir uns selbst entdecken – und wie wir andere entdecken. Bei diesem scharfsichtigen, aber gerechten und liebevollen Kritiker ist nicht zuletzt zu lernen, wie man seine eigenen Wahrnehmungsbarrieren durchbricht.

Überlegungen zur Arbeit des Insider-Komitees

(13. Juni 1994)

I. Wo stehen wir? Wie weiter?

1. Geleistetes

Das Insider-Komitee hat bereits einiges zustandegebracht. Wir haben ein paar Publikationen: eigene, die sich auch gut verkaufen; das Kirchenpapier im Deutschland-Archiv. Mit dem Insider-Komitee verknüpft sind einige längere Presseartikel, Aufsätze, Leserbriefe. Publiziert ist aber weniger, als uns möglich gewesen wäre.

Aktivitäten im »Zwie Gespräch«, in Veranstaltungen der Stiftung Gesellschaftsanalyse, sowie bei anderen Verbänden sind zu nennen und auch verschiedene Aufmerksamkeit einiger Medien.

Vom Inhalt und von der politischen Bedeutung her gesehen, ist wohl die Mitwirkung des IK bei den beiden bisherigen Veranstaltungen der Alternativen Enquête-Kommission Deutsche Zeitgeschichte zu Geheimdiensten unser trächtigstes öffentliches Ergebnis.

Weil es spezifische Bedeutung besitzt, zugleich aber kritische Punkte zeigt, möchte ich noch auf unsere Diskussions-Mitwirkung bei zwei öffentlichen Veranstaltungen mit Gauck und Geiger und auf die Diskussion mit Geiger im »Zwie-Gespräch« verweisen.

2. Mitgliederbestand und Struktur

Ein andere Standortbestimmung lässt sich anhand unseres Mitgliederbestandes und seiner Struktur treffen.

Würden wir viele Mitglieder haben, müssten wir natürlich sagen, die Bewegung stagniere. Aber weil wir bei etwa Hundert sind, dürfen wir uns noch/schon über einen kleinen Zuwachs freuen. Äußerst positiv ist, dass wir nun in Potsdam und in Dresden eigene Gruppen haben.

(Auch dazu bedarf es noch einiger Überlegungen, die ich aber hier weglasse.)

Jedoch: prüfen wir die Teilnahme an den Mitgliederversammlungen und vor allem die aktive Teilnahme, dann haben wir einen harten Kern – und der stagniert. Ich verzeichne es hier nur und knüpfe daran später eine Überlegung.

Außerdem: Sehen wir von den beiden TAG ab, bleibt nach wie vor sehr bedenklich, dass – trotz einer Tendenz zur Veränderung – die HVA-Leute, immer noch das deutliche Übergewicht besitzen, vor allem unter den »Aktivisten«. Das ist – nach den Regeln der Soziografie – zwar ein aufschlussreicher Indikator für einen bestimmten politischen Zustand unter den früheren MfS-Leuten. Mit dessen Fortwirken können wir uns im Insider-Komitee nicht abfinden. Wir müssen unsere Energie darein setzen, dies nachdrücklich zu ändern.

Vor allem auch, weil das Hauptfeld der Statuten-Aufgabe des Insider-Komitees, die Geschichtsarbeit, sachlich und nach der aktuellen politischen Bedeutung nicht bei der HVA und ihren Leuten liegt, noch nicht einmal bei der allgemeinen Spionage- und der Militärabwehr. Das Hauptfeld liegt – und muss so auch politisch bewertet werden – inhaltlich in jenem Bereich, für den früher die HA XX zuständig war, sowie bei den Bereichen, die sich mit der Volkswirtschaft und mit Untersuchungen befassten. Oder, verallgemeinert gesprochen, es liegt beim MfS in seiner Funktion als staatliches Repressiv- und Rechtspflegeorgan.

Die in dieser Hinsicht ungenügende Zusammensetzung der Mitgliedschaft und der aktiv und initiativ arbeitenden Mitglieder ist der neuralgische Punkt des Insider-Komitees.

Ob das Insider-Komitee in der Zukunft etwas seriöses, historisch und politisch wichtiges wird leisten können, oder ob es bald eine bedeutungslose Randerscheinung wird und eine Episode bleibt, hängt davon ab, ob es uns gelingt, diesen Zustand zu ändern.

Jetzt haben wir aber eine gewisse stabile Ausgangsbasis, auf die wir uns beim Erweiterungs- bzw. Änderungsversuch stützen können.

Das verlangt auch, im Sprecherrat, eine Dominanz von initiativfreudigen, selbständig arbeitenden, konzeptionell starken Personen aus den bis jetzt unterrepräsentierten Bereichen herzustellen. Die Vorbereitung der Dezember-Tagung der Alternativen Enquête-

Kommission muss auch dazu benutzt werden, geeignete Persönlichkeiten zu suchen, zu finden, zu erproben. Das ist quasi eine »Überlebensaufgabe«.

Und bei der nächsten Mitgliederversammlung muss ein Sprecherrat gewählt werden, der dieser Anforderung genügt.

Ferner könnte überlegt werden, ob wir unsere Mitgliedschaft auch für Nicht-MfS-Mitarbeiter aus »angrenzenden Bereichen« öffnen sollten – dazu weiter unten mehr.

3. Organisatorischer Alltag

Eine dritte Standortbestimmung schließt sich an diese Überlegungen an. Obwohl ich das Prinzip verfechte: »Inhalte zuerst, keine organisatorische Gschaftl-Huberei«, rücke ich den sonstigen organisatorischen Zustand an diese vordere Stelle.

Jetzt konzentriert sich – das sage ich ausdrücklich nur als Feststellung, nicht als Wertung der Mitglieder des Sprecherrats und seines erweiterten Umfeldes – die aktive und vor allem ganz selbständige Arbeit auf einige wenige Genossen.

Das ist für das Insider-Komitee nicht gut. Es ist auch für diese wenigen Genossen nicht gut. Sie haben fast einen full-time-job und, dies am Rande, setzen als Arbeitslose auch nicht wenig eigene finanzielle Mittel ein (Telefon, Porto, Verkehr und ähnliche »Betriebskosten«).

Aber warum ist dieser Zustand so? Die einfachste Erklärung – mit einem kritischen Körnchen Wahrheit – ist, dass einige von uns sozusagen für das Insider-Komitees workaholics sind. Das wäre nicht schlimm, wäre da nicht die bekannte negative Dialektik, die wir mit dem Schicksal der DDR ja auch auskosten müssen.

4. Wege zur Lösung

Ich sehe – zusammen mit meinem weiter unten noch vorzuschlagendem Konzept zur inhaltlichen Arbeit – einige Wege.

Erstens: Wir müssen uns disziplinieren und bescheidener werden, damit wir hohem Anspruch genügen können.

Die Mitgliederversammlung hat uns eine drastische Lehre erteilt. Denn zum zweiten Male nun sind wir kläglich mit dem Appell gescheitert, es mögen sich Genossen für Arbeitsgruppen, Projektgruppen etc. melden. Das muss uns zu denken geben. Wir können auf dem Papier zwar perfekte organisatorische Strukturen und

Zustände ausmalen, aber wenn sich niemand findet, der auch – ja: – mit persönlicher Besessenheit (woher kommt sie?) für die Aufgabe arbeitet oder arbeiten kann, dann hilft das nicht.

Wir müssen bescheidener werden, »weniger ist mehr«. Eigene Prioritäten setzen und (fast stur) bei denen bleiben. Verführungen widerstehen. Nicht auf vielen Hochzeiten tanzen. Wir müssen uns wohl eine ganz strikte Enthaltsamkeit auferlegen und nicht in viele Dinge hineinziehen lassen, für die nun einmal »Spezial«-Organisationen da sind, wie ISOR, die GRH, die GBM, das Kuratorium etc. Also höchstens: Beratung, Anregung, evtl. Zuarbeit, sonst weichen wir unseren eigenen Aufgaben zu leicht aus, so richtig unsere Ideen auch sind, was dort gemacht werden müsste.

Wir brauchen ein klares, mit Themen konkretisiertes Konzept für die inhaltliche Arbeit. Also ein Programm mit Fragen, die nach unserer Einschätzung bearbeitet werden müssen, bei denen wir wirkliches Eigenes einbringen und auf das wir uns bescheiden und konzentrieren, für das wir (auch zeitweilige) Mitarbeiter suchen und gewinnen müssen. Dazu weiter unten ausführlicher.

Zweitens: Wir müssen unter Nutzung aller unserer persönlichen Beziehungen, auch der Kontakte zu solchen früheren Leitern, die unseren kritischen Intentionen aufgeschlossen sind, wenigstens fünf bis zehn neue »Aktivisten« finden. Das müssen Persönlichkeiten sein, die nach ihrer persönlichen Lage (arbeitslos, Ruhestand etc.), nach ihren sonstigen »technischen Bedingungen«, mit ihrer Bereitschaft zu selbständiger, eigeninitiativer und besessener Mitarbeit und mit konzeptioneller Fähigkeit arbeiten können, Leute, die nicht darauf warten, das sie jemand anleitet und sagt, was zu tun ist.

Noch habe ich die Hoffnung, die nicht Illusion sein möge, das sich aus unserem ehemaligen Riesenapparat hier in Berlin und in Potsdam eine Handvoll Leute finden lässt, die diese notwendigen sachlichen und subjektiven Bedingungen in sich vereinen.

Drittens: Wir brauchen unbedingt einen »Geschäftsführer« – also einen selbständig arbeitenden, verlässlichen Genossen mit organisatorischer Begabung und mit persönlichem Zeitfonds, der dafür sorgt, dass der Vorsitzende vom organisatorischen Alltag entlastet wird und auch die anderen Mitglieder des Sprecherrats nicht ineffizient Organisationsarbeit betreiben müssen. Wir müssen einen solchen Genossen finden und das sollte doch in Berlin möglich sein. (Aber nicht wieder einen HV A-Mann!)

Viertens: Ich greife auf die Zustandsanalyse der Mitgliedschaft zurück. Längst haben wir uns – ich jedenfalls – von der Anfangsillusion verabschiedet, das Insider-Komitee könnte ein größerer Verein werden. Nicht ganz so, aber in der Tendenz wie ISOR. Das war offenkundig eine politische Fehleinschätzung, meine jedenfalls. Sie liegt auch anderen Konstruktionselementen unseres Statuts zugrunde (Konsultationsgremium u. a.). Das ist ja nicht schlimm. Schlimm wäre nur, wenn wir jetzt – nach den Erfahrungen mit unserer Praxis – nicht nüchtern prüften.

Ich habe diese Frage schon mal mit A. W. diskutiert und wir hatten die Idee, dass wir sozusagen »zu den Anfängen« zurück müssten. Wir müssen noch mal »neu beginnen« – dialektisch verstanden.

Ich deute mal meine Vorstellungen mit einem neuen Namen für das Insider-Komitee an:

»Insider-Komitee *zur Förderung* der kritischen Aufarbeitung der Geschichte des MfS«.

Das ist nicht ausgefeilt, es soll auch zunächst nur provozieren. Aber wichtig sind mir zwei Elemente, »kritisch« – was ja ohnehin Konsens ist, aber in den Namen gehörte; und »Förderung«.

Mit »Förderung« würden wir klar ausdrücken: Wir haben kein Monopol, wir wollen keines – und wir machen das, was wir wollen, auch nicht nur selbst, nicht nur allein mit eigenen Kräften. Das auch, aber vor allem wollen wir Anreger, Katalysator, Mitwirkender sein. Die Erfahrung mit der Alternativen Enquête-Kommission (AEK) im Dezember und im Mai legt das nahe.

Übrigens sollte die AEK selbst in ihrer Arbeitsweise für uns das Vorbild sein. Da sind relativ wenige Leute im Vorstand, aber es gibt eine sehr große Zahl von kompetenten Persönlichkeiten die für begrenzte, für zeitweilige Aufgaben gewonnen wurden.

Für unsere Mitgliederentwicklung könnte das vielleicht folgende Konsequenz haben: Wir definieren uns als »Förderverein«, der zur moralischen und finanziellen Unterstützung eine bedeutend größere Zahl von fördernden, nicht notwendigerweise selbst aktiven Mitgliedern anstrebt. Also nicht mit der (stillschweigenden und offenkundig doch etwas sektiererisch wirkenden) Erwartung an jedes Mitglied, eigentlich müsse es selbst aktiv sein – andernfalls es sich moralisch im Abseits fühlte –, sondern mit der Erwartung, dass es vor allem Förderleistungen erbringt, auch durch die Höhe seines Jahresbeitrages und durch Spenden. Und – siehe oben – wir sollten uns auch etwas öffnen für Insider naheliegender Gebiete (MdI, VP, Justiz). Vielleicht auch für solche linke Persönlichkeiten, die früher im Visier unserer inneren Abwehr waren, Stefan Heym als Symbol. – Darüber müssten wir genau nachdenken. Das ist aber nicht der aktuellste Punkt.[18]

II. Die Inhalte unserer Arbeit – das Eigene und das Fremde

Ich komme auf meinen Gedanken mit der »Bescheidenheit« und mit »weniger wäre mehr« zurück, jetzt aber in seinen Konsequenzen für die Bestimmung der Inhalte unserer Arbeit.

Wir sind nicht die einzigen, die sich mit dem MfS usw. befassen. Das sind unterdessen Legionen von Leuten, seriöse und unseriöse, wohlwollende, objektive, feindselige usw. Es gibt Forschungsstellen, die mit Finanzen gut ausgestattet sind, die in die Archive können etc. In diesem Zusammenhang müssen wir unseren ganz spezifischen Platz bestimmen. Dieser wird auch von unseren geringen materiellen Möglichkeiten und »Rechten« bestimmt. Also das, was das uns Eigene ist. Das haben wir noch nicht getan. Ehrlich beurteilt, müssen wir sagen – ein Blick auf die Liste der seriöseren Publikationen zur Thematik genügt –: bisher sind wir völlig im Hintertreffen.

Müssen wir tatsächlich im Hintertreffen sein?

Wir können aus dem Hintertreffen herauskommen, wenn wir uns die große Mühe machen und das definieren, was das uns Eigene ist, was niemand außer uns, oder jedenfalls niemand ohne uns leisten kann – oder leisten will.

Was aber ist das Eigene, in diesem Sinne: ohne uns nicht möglich oder nicht gewollt?

Ich flechte hier mal die selbstkritische Überlegung ein, dass wir – anstatt dieses Eigene zu bestimmen, und zu diesem Zweck im Sprecherrat an erster Stelle inhaltliche Arbeit zu leisten – uns immer wieder übermannen lassen, organisatorischen »Kram« zu bereden, der sich bei selbständiger eigener Arbeit auch anders, nämlich mit persönlichen Abstimmungen lösen lässt – was aber bei der inhaltlichen Selbstverständigung nicht geht. Oder sind wir vielleicht sogar der inhaltlichen Debatte ausgewichen, weil sie viel anstrengender ist und mehr geistige Disziplin verlangt? Jedenfalls weisen unsere

Sprecherratsprotokolle aus, dass wir zu 90 % reden, wie wir Inhalte organisieren, aber über die Inhalte reden wir dort selten und oft nur »aufgezwungen«.

Das Eigene ist natürlich nicht statisch zu sehen, viele unterschiedliche Kräfte bestimmen die Koordinaten.

Denken wir darüber anhand bisheriger praktischer Themen nach, zeigen sich drei Aspekte.

Ein methodologischer, der natürlich einer enorme inhaltliche Bedeutung hat, und zwei Aspekte der »materiellen« Inhalte.

a. Der methodologische Aspekt

Im Dezember und im Mai bei der Alternativen Enquête-Kommission, im »Kirchenpapier«, auch bei einigen anderen Gelegenheiten ist uns die Sicht auf das Ganze recht gut geglückt. Wir beharrten darauf, die Geschichte mit ihren unterschiedlichen Kräften, Widersprüchen, Konflikten usw. als Ganzes zu nehmen und haben eine damit gute Wirkung gefunden.

Das »Kirchenpapier« könnte ebenso geeignet sein, methodologisch anregend zu wirken. Und zwar nicht zuletzt für unser eigenes Lernen, wie wir mit unserer Geschichte selbst umzugehen haben. Also nicht etwa nur als Forderung an andere zu deren Umgang mit uns!

Freilich: Bei der Wiederholung der Dezember-Veranstaltung der AEK in Dresden zeigte die geteilten Reaktion des dortigen Publikums auf eine bornierte Rede eines früheren BV-Chefs (nicht aus Dresden!), wie viel wir noch zu ringen haben, damit auch unsere »eigenen Leute« akzeptieren, kritisch betrachteter Teil des Ganzen zu sein und vor allem: dass wir nicht die einzigen legitimierten Betrachter sind.

Ich glaube deshalb, in zwei Richtungen müssen wir für einen adäquaten methodologischen Umgang mit unserer Geschichte werben und wirken. Die eine Richtung sind wir selbst!

Wir selbst müssen es lernen, wenn wir unsere Statutenaufgabe ernst nehmen und nicht ein bloßes Laienspiel bieten wollen – immerhin in »Rivalität« mit professionellen Historikern. Wenn wir von uns nicht Seriosität verlangten, könnte uns das natürlich egal sein. Ich denke aber, wir wollen seriös sein mit halbwegs wissenschaftlichem Anspruch, ohne den Geschichtsarbeit nicht geht – auch nicht unsere!

Noch ein methodologischer Aspekt.

Hannes B. und andere haben auf der Mitgliederversammlung kritisiert, dass wir im jetzigen Stadium der Geschichtsarbeit mit den »Thesen« sozusagen »Antworten« zur Diskussion stellten, statt uns auf die Bestimmung von Fragen zu beschränken, die zu untersuchen sind. Er hatte völlig recht. Das ist auch meine Meinung.

Denn dieses kritisierte Vorgehen bedeutet, das wir eher »ideologisieren«, statt Geschichte zu beschreiben, zu analysieren und dann erst zu werten. Es fördert auch die unproduktive und spießige Larmoyanz an der Klagemauer. Wir erleichtern damit jenen unter uns früheren MfS-Leuten, die sich vom alten Ideologisieren (welches Engels so verspottet hat) nicht lösen können oder wollen, oder denen die ganze Richtung nicht paßt, die bisherige Zurückhaltung (wie z. B. früher verantwortlicher Persönlichkeiten der inneren Abwehr u.a.) oder auch die Disziplinierung aufgeschlossener früherer Mitarbeiter. Und andere reißen wir nicht aus ihrer Weinerlichkeit, aus ihren Nischen heraus.

b. Der zweite Aspekt: die inhaltliche Grundposition

Selbstverständlich betreiben wir keine Geschichtsaufarbeitung nach den Intentionen der rechten Konservativen, sondern eine linke. Selbstverständlich auch dass jegliche Bearbeitung von Zeitgeschichte in ihrer Themenselektion und in ihren Wertungen immer mit politischen Positionen und Interessen verquickt ist.

Wir nehmen linke Positionen ein. Unser kritischer Umgang mit unserer Geschichte ist eine Kritik von links, eine Kritik für die Linken, eine Kritik für uns, für unsere politischen Ur-Enkel oder, falls die Geschichte einen schnellen Sprung machen sollte, für unsere Enkel. Sie ist eine Kritik für das Volk und nicht für die jetzt Herrschenden. Deshalb werde ich nicht müde, uns daran zu erinnern, was uns der alte Marx vorgegeben hat, wie Revolutionäre kritisch mit sich umzugehen haben – im »Achtzehnten Brumaire.« Unsere alte Parteiführung wusste schon, wie unbequem für sie die Erinnerung an Lenin war, der klipp und klar erklärte, derjenige sei »kein Revolutionär«[19], der Angst habe, das öffentliche Aussprechen der Wahrheit könne dem Feind nutzen.

Manche von uns haben sich immer noch nicht von der Position unserer SED-Führung gelöst, die gerade selbst dem »Feind« nutzte, weil sie das öffentliche Aussprechen der Wahrheit für uns unterdrückte und durch selbstbetrügerische Konstrukte, Schönfärberei und Lügen ersetzte und sich damit vor dem Volk selbst diskreditierte.

Günter Kolodziej schrieb absolut richtig in einem Honecker-Nachruf der *jungen Welt*: »Sozialistische Kritik an der Politik Erich Honeckers und des von ihm verkörperten Sozialismus sollte sich mit der bürgerlichen Hetze nicht gemein machen. Deshalb nicht, weil ihr Maßstab anspruchsvoller, ihre Fragen unduldsamer und ihr Urteil schärfer ist.«

Im übrigen sollten wir Werner Großmann und Markus Wolf folgen: Vor dem Gericht reden wir nicht und nehmen den § 55 in Anspruch, hier aber reden wir!

Das Argument von der Behinderung der »Aufarbeitung« durch Strafprozesse enthält zwar eine richtige Beschreibung eines gegebenen Sachverhalts. Es enthält auch eine aus der Sicht der Betroffenen verständliche und zu respektierende Komponente. Aber es ist im Ganzen ein opportunistisches und etatistisches Argument, ein Argument der Unterordnung oder der politischen Resignation oder Kapitulation. Es ist sogar ein Reflex einer politischen Degeneration in der DDR. Denn nimmt man es in seiner äußersten logischen Konsequenz, dann dürften Linke, so sie verfolgt werden – was zumal im bürgerlichen Deutschland, aber nicht nur, eher die Regel war – überhaupt nicht politisch kämpfen. Denn: Strafverfolgung droht. Diese Logik muss umgekehrt werden.

Am Rande, damit es nicht in Vergessenheit gerät, sei bemerkt, dass die AEK-GD-Anhörung am 29. Mai auch eine Kritik von links erfahren hat. Über sie müssen wir nachdenken (z. B. in *junge Welt* vom 6. Juni 1994 – »Der Spion, der in die Kälte kam« von Boris Gröndahl). Auch wenn infolge der spezifischen Situation im BE in der Diskussion dort (wie auch in der justitiellen Auseinandersetzung) eine »Gleichsetzung« der DDR- und der BRD-Spionagedienste erfolgte, so kann dies ja weder für die Inhalte, noch für die je bevorzugten Methoden beider Seiten gelten – und vielleicht haben auch wir einiges kritisches zu unseren eigenen Methoden zu sagen. Auch Harald Hauser hatte im BE einen interessanten Ansatz.

c. Der dritte Aspekt: Welches sind unsere spezifischen Themen?

Nun zur Thematik. Da sind die Fragen zu bestimmen, die erforscht werden sollen. Vielleicht sollten wir bescheidener statt »erforscht« von »erkundet« sprechen.

Aber welches sind genau jene Fragen, jene konkreten Themen, die uns besonders wichtig sind?

Ich wiederhole jetzt noch einmal meinen obigen Satz: Was ist das uns Eigene, was niemand ausser uns, oder jedenfalls niemand ohne uns leisten kann – oder leisten will?

Zeitgeschichte ist immer besonders politisch. Das drückt sich erstens in der Themenwahl und zweitens in den Wertungen aus. Insofern also werden wir gewiss nicht »neutral« sein. Überhaupt wäre Heuchelei, behautete jemand, in diesen beiden Punkten – anders bei der Beschreibung und der Analyse – neutral sein zu können. Sicher besteht im Insider-Komitee Konsens: Unsere Position für Themenwahl und Wertung ist eine linke, die sich von unseren sozialistischen Idealen nicht lossagt.

Es kommt ein Weiteres hinzu: Unser Eigenes ist nicht nur die linke Position, sondern auch unser Wissen und unsere Erfahrung. Insofern gilt der Satz, dass ohne Wissen und Erfahrung (und ganz praktisches know how für Nicht-Geschriebenes oder nicht Erhaltenes) die Geschichte der Sicherheitspolitik der DDR, der SED und des MfS nicht zureichend bearbeitet werden kann.

Schließlich kommt – so scheint mir – noch ein emotionales Motiv hinzu: An mir und manchen Gleichgesinnten sehe ich, dass uns eine Frage moralisch umtreibt und Ansporn ist: Wo liegen unsere subjektiven Ursachen für die Niederlage des ersten Sozialismus-Versuchs?

– Inwieweit und warum, wodurch, mit welchen »Mechanismen« sind wir von unserem Anspruch, also dem, was Marx als »kategorischen Imperativ der Kommunisten«[20] bezeichnet hat, was wir auch als »realen Humanismus« bezeichnet hatten, abgekommen?

– Wie kommt es, dass wir, die wir ausdrücklich 1945 angetreten waren gegen preußisch-deutschen Untertanengeist, in dem wir einen Faktor gesehen hatten, der den Faschismus ermöglichte, dass also wir diesen Untertanengeist wieder etabliert haben? Und zwar als Partei- oder als Kampfdisziplin kaschiert, obwohl es doch nur Gehorsam war. Wie konnte es geschehen, dass wir Opportunismus als Disziplin ausgaben und dass wir eine gelobte preußische Tugend, die Tauroggen-Tugend, verrieten? Derzeit wird das Spannungsfeld zwischen individueller Freiheit (in Marx' Sinne!) und kollektiver Disziplin gar zu einfach mit linken oder mit konservativen Phrasen abgetan. Aber wir müssen es erforschen, auch um zu ergründen, weshalb das MfS im Ansehen der Bevölkerung zu DDR-Zeiten zunächst eine sehr ambivalente Wertung erfuhr, die sich dann rapide zersetzte und völlig negativ wurde, schließlich zur Buh-Mann-Funktion werden konnte.

Von daher drängen sich bereits einige Themen auf, die in der Tat nur von uns – selbstverständlich kritisch begleitet – bearbeitet werden können: Ich formuliere jetzt einfach nur eine Reihe von Fragen bzw. Fragenkomplexen:

1. Wie definierten wir den ethischen Unterschied zwischen unserem Selbstverständnis als eines sozialistischen Geheimdienstes und bürgerlichen Diensten? Dieser Unterschied lässt sich nicht oder kaum von den abstrakten Zielen (»Staatsschutz«, »Spionageabwehr«, »Auslandsaufklärung«, »Objekt- und Personenschutz« etc.) her erklären. Dazu bedarf es der Bestimmung der konkreten Ziele (Schutz des Sozialismus, des Friedens etc.), dazu bedarf es auch der Bestimmung des Spannungsverhältnisses zwischen »Verfassung und Verfassungswirklichkeit«.

Aber musste der Unterschied nicht auch einer in den Methoden sein? Und musste nicht nach den Enthüllungen des XX. Parteitages, nach Bekanntwerden ähnlicher böser Praktiken in der DDR (vor allem frühe 50er Jahre! Stichworte Merker, Sperling, Dahlem, Fechner, Janka, Harich) das kritische Bedenken der Methoden unabweislich geworden sein?

Wie müssen wir heute – nun gewissermaßen angesichts des historischen Ergebnisses und neben uns tretend – unser vormaliges Selbstverständnis in Theorie und Praxis beurteilen?

Welche bewussten ethischen Fragestellungen gab es bei uns, z. B. auch in der Praxis der Ausbildung, der »Erziehung« der Mitarbeiter im Alltag der Arbeit, in den Bewertungen der Arbeitsergebnisse und der Methoden? Wie spiegelten sie sich konkret in theoretischen Positionen, in kritischem Hinterfragen der Praxis, im Leiter-Mitarbeiter-Verhältnis, im eigenen Arbeitsklima, in unserer Sprache[21] und in unseren Arbeitsbegriffen, in der Problematisierung und Bestimmung rechtlicher Selbstbindung und »politischem« Pragmatismus, in der Problematisierung und Bestimmung des Prinzips der Verhältnismäßigkeit der Mittel (heiligten die Zwecke die Mittel, welche bewussten Grenzziehungen) usw.?

Übrigens – da wir uns ja auf die Traditionen der deutschen Arbeiterbewegung beriefen: Wie waren denn bei uns die heftigen

Diskussionen »aufgehoben«, die es vor 1933 in der KPD, im RFB, in der Militärorganisation der KPD usw. über die Ethik illegaler Arbeit gab – z. B. ausgelöst durch Brechts Lehrstück »Die Maßnahme«: »Wer für den Kommunismus kämpft muss kämpfen können und nicht kämpfen können[...]«?

Wer für den Kommunismus kämpft
Der muss kämpfen können und nicht kämpfen
Die Wahrheit sagen und die Wahrheit nicht sagen
Dienste erweisen und Dienste verweigern
Versprechen halten und Versprechen nicht halten
Sich in Gefahr begeben und die Gefahr vermeiden
Kenntlich sein und unkenntlich sein.
Wer für den Kommunismus kämpft
Hat von allen Tugenden nur eine:
Dass er für den Kommunismus kämpft.[22]

*

Mit wem säße der Rechtliche nicht zusammen
Dem Recht zu helfen?
Welche Medizin schmeckte zu schlecht
Dem Sterbenden?
Welche Niedrigkeit begingest du nicht, um
Die Niedrigkeit auszutilgen?
Könntest du die Welt endlich verändern, wofür
Wärest du dir zu gut?
Wer bist du?
Versinke in Schmutz
Umarme den Schlächter, aber
Ändere die Welt: sie braucht es![23]

2. Befindet sich die auch schon in DDR-Zeit vorhandene und artikulierte »Unterschiedlichkeit« zwischen HV A und den Abwehrorganen des MfS in diesem Kontext? Falls sie nicht einfach spießig ist, welches ist – politisch betrachtet – der Inhalt, der solche »Unterschiedlichkeit« bestimmte oder bestimmt? Ferner: Ist es richtig, eine solche Differenzierung HV A – Nicht-HV A vorzunehmen? Oder ist es nicht richtiger, davon zu sprechen, das es im MfS zwei Schulen, zwei Grundorientierungen gab, die sich nur bedingt quantifiziert bestimmten Diensteinheiten zuordnen lassen? Zwei Schulen, deren

Kern im Menschenbild, in politischen Bündniskonzeptionen liegt?[224] Zu bedenken ist auch, dass sich die Wurzeln dieser beiden Schulen bis in die Weimarer Zeit zurückverfolgen lassen (*Vgl. Kaufmann u. a.: Der Nachrichtendienst der KPD 1919-1937, Berlin 1993*).

Und wie erklärt sich die bis heute zu beobachtende »Verlängerung« dieser »zwei Schulen« (wie sie sich etwa im öffentlichen Engagement ausdrückt oder nicht ausdrückt?

3. Welches ist unsere eigene, die Insider-Erklärung dafür, das einerseits das MfS wohl ein recht authentisches Bild der inneren Verfasstheit der DDR besaß, während es andererseits nicht vermochte, der Führung der SED und des Staates ein realistisches Bild zu vermitteln und sie zu zwingen, realitätsnah zu handeln. Z. B. nachdem die ökonomische Situation und deren Ausprägung in verschiedenen gesellschaftlichen Bereichen (Wissenschaft, Gesundheitswesen u. a.) deutlich negative Wirkung auf die Akzeptanz der Bevölkerung gewann. Dies nicht zuletzt durch die faktische Etablierung einer zweiten Binnenwährung in der DDR mit einem sogar dazu eingerichteten besonderen Handelsnetz?[25] Hatten wir im MfS ein Bild von den Folgen, die zwangsläufig aus dieser Politik für die Zersetzung der inneren Stabilität der DDR entstehen mussten?

4. Weshalb vielmehr gab sich das MfS dazu her, jene Menschen in verschiedenen Formen zu repressieren, die für eine Öffnung aus der Erstarrung eintraten, die objektiv begründete und notwendige Reformen (z. B. der ökologischen Grundsicherung) verlangten bzw. die innenpolitisch einforderten, was die Staatsführung außenpolitisch zur Maxime erhoben hatte (Politik des Realismus und der Vernunft, breitestes Bündnis zur Sicherung des Friedens)?

5. Welche Prozesse lösten diese Entwicklungen innerhalb des MfS aus? Gab es solche Prozesse, wer waren ihre Träger und ihre Bremser, wie waren die Verlaufsformen solcher Prozesse? Insbesondere:

– wie drückten sich diese Prozesse bei der begonnenen Vorbereitung des für 1990 vorgesehenen Parteitages der SED aus,

– wie bei den persönlichen Gesprächen in der SED zum Umtausch der Dokumente,

– wie im Zusammenhang mit der immer grotesker werdenden Sprachlosigkeit der Führung, im Zusammenhang mit den Differenzierungsprozessen innerhalb der SED (Bezirke und Gewi-Akademie, Umgang mit dem SED-SPD-Dialogpapier),

– wie im Zusammenhang mit den als akute Krisenzeichen zu wertenden inneren Vorgängen (Wahl 1989, Diskussionen und passiver Widerstand gegen das Pfingsttreffen der FDJ, *Sputnik*-Verbot, rapides Anschwellen der Parteiaustritte, Distanzierungsbemühungen bei Blockparteien – und vor allem die Bewegung zum Verlassen der DDR)?

– Welches war die innere Verarbeitung des MfS des Gorbatschowkurses hinsichtlich:

– Vorrang der Menschheits-(Gattungs-) vor gegenwärtigen Klasseninteressen?,

– der Glasnost-Linie (die in der SED ihre eigenen promimenten Vorläufer hatte)?, der »Perestroika«?

– Gab es dazu eigene Analysen? Welches war die innere Verarbeitung des MfS angesichts der seit Jahren deutlicher werdenden Entsolidarisierung im RGW und z. T. im Warschauer Pakt, sowie zu den zentrifugalen Entwicklungslinien der sozialistischen Staaten? Welches war innerhalb des des MfS aufzunehmen?

Verbunden mit den vorgenannten Prozessen und auch unabhängig davon: Welche »Innenansichten« des MfS – Mitarbeiter, Leitung, unterschiedliche Strukturen – ergeben sich, wenn man die staatlichen Disziplinarverfahren (evtl. Strafverfahren) und Parteiverfahren untersucht?

6. Welche politischen Analysen und Empfehlungen hatte das MfS zu der für die DDR politisch existentiellen Ausreisebewegung? Wurde im MfS problematisiert (und mit welchen Empfehlungen),

– dass die DDR sich in eine Kreditfalle begeben hatte,

– dass die DDR sich mit dem Häftlingshandel in eine politische Falle begeben hatte, ebenso wie

– mit ihrer Unfähigkeit, das Problem der Reisefreiheit politisch verstehen und beherrschen zu lernen?

7. Gab es im MfS wenigstens intern realistische Analysen der politischen Differenziertheit der »Bürgerbewegungen« und konkrete Vorstellungen über deren – teilweise – Integrierbarkeit in das gesellschaftliche (!) System des DDR-Sozialismus?

Teilfrage dazu angesichts der Rolle der beiden Hauptkirchen: Gab es wenigstens intern konzeptionelle Vorstellungen, wie die weltweite – auch in der BRD ausgeprägte – Differenziertheit der Amtskirchen und kirchlicher Bewegungen für den Frieden, zu sozialen Fragen und zur »Dritte-Welt-Problematik« für das innere Verhältnis zu den DDR-Amtskirchen, zur kirchlichen Basis, zu den gläubigen und engagierten Christen genutzt werden konnte (z. B. die progressiven oder sonst dissidentischen Strömungen in den Kirchen der BRD).

8. Ein politisch zentraler Komplex lässt sich mit dem Thema benennen: »Die Kulturpolitik der SED und das MfS«. Obwohl uns dieses Thema vermutlich besonders weh tut, halte ich es für absolut unerläßlich, darüber zu arbeiten.

Weshalb ist dies politisch unerläßlich? Dies ergibt sich einesteils aus der DDR-Kulturpolitik selbst: Anfangs hatte sie – als ideologiebildenden und neben der Wissenschaft selbständigen Bereich gesellschaftlicher, sozialer Erkenntnisgewinnung – der Kultur (den Künsten) einen hohen Rang eingeräumt. Deshalb, auch aus historischen Gründen (Rückkehr fast der gesamten künstlerischen Antifa-Emigration in die DDR und die Legitimationskraft dieses Faktors), sowie durch die Leistungen der Kulturschaffenden erhielt die Kultur in der DDR eine ausserordentliche objektive Bedeutung als Medium gesellschaftlicher Prozesse, der gesellschaftlichen Selbstverständigung. Die Kultur erhielt für die DDR-Bevölkerung einen hohen Selbstfindungs- und Idendifikationswert. Die Ambivalenz der SED-Führung gegenüber der Kultur (welche ich hier in Sinn, Irrtümern und Unsinn – bis hin zur bösartigen Intelektuellenfeindlichkeit nicht weiter erörtere), die Verletzung vieler dem Sozialismus verbundener Künstler (zum Beispiel Frank Beyer), die z. T. groteske Verlagspolitik (z. B. Christa Wolf), die wankelmütige Theaterpolitik (z. B. Peter Hacks und Volker Braun) provozierten einen Autoritäts- und Hegemonieverlust der Führung bei den gebildeten Teilen der Bevölkerung, also bei den gesellschaftlich kreativen Kräften. Das MfS hat auf diesem Sektor eine völlig unrühmliche Rolle gespielt – und sie muss beschrieben und bewertet werden.

Gerade wegen der Ausstrahlung und weil auf diesem Sektor eine »strategische Meinungsbildung« erfolgt, vor allem aus politischen Gründen muss sie einer eigenen, öffentlichen linken Kritik unterzogen werden. Und wenn dies zunächst einmal nur an Fallbeispielen erfolgen würde: z. B. an solchen für die heutige Öffentlichkeit so bedeutsamen Persönlichkeiten wie Heym, Christa Wolf, Walter Jens[...] Ich verstehe, das dies sehr, sehr schwer ist, weil wir uns in der Tat zu schämen haben, aber es ist nötig, damit wir uns ehrlich machen und damit die Idee des Sozialismus, auch die Idee der durch ihn möglichen Versöhnung von Geist und Macht rehabilitiert werden können.

*

Diese acht Komplexe – alle mit den Aufgaben des MfS verbunden – haben Beispielcharakter. Alle diese Komplexe bedürften natürlich einer soliden, quellengestützten Untersuchung. Aber allen diesen Komplexen ist gemeinsam, dass zu ihnen in nicht unerheblicher Weise gültige Aussagen auch von kompetenten Zeitzeugen des MfS möglich sind (sein müssten), wenn man annimmt, das wir keine unqualifizierten Leute waren und dass wir auch über Gedächtnis verfügen.

Ich nehme diese acht Komplexe nur als Beispiele (die sicher auch einen herausgehobenen politischen Rang haben) dafür, wie wir – bringen wir nur den Mut, die Bereitschaft und persönliche Energie und souveräne selbstkritische Unbefangenheit auf – wenigstens mit unseren Darstellungen zu einem weitaus differenzierteren DDR-, SED- und MfS-Bild beitragen können, als es gegenwärtig der Fall und offiziell gewünscht ist. Vor allem möchte ich mit der Vorstellung solcher Komplexe erreichen, dass wir uns der Tugend des Systemdenkens erinnern, statt sozusagen in bürokratischen oder in individualisierten Kategorien zu denken.

Schwierigkeiten
mit der eigenen Geschichte

Nachdenken über den Umgang mit der Geschichte des MfS. Diskussionsbeitrag für die Historische Konferenz der PDS, November 1995

Mir wäre wohler, hätte das Thema lauten können: »Ergebnisse und Schwierigkeiten mit der eigenen Geschichte«. Beginnen wir zuerst mit der Betrachtung der Oberfläche. Die äußere und die innere Sicherheitspolitik der SED bzw. der DDR sind berechtigt ein Hauptfeld der kritischen Aneignung der DDR-Geschichte. Mit ihnen, vor allem mit der inneren Sicherheitspolitik, und mit dem MfS als dem für sie wichtigsten staatlichen Apparat, befasst sich eine Springflut von Büchern, Zeitschriften- und Presseartikeln, Rundfunk- und Fernsehsendungen. Eine Flut immer noch, wenn wir die Funkmedien und die gedruckten Sensationsmedien nicht zählen. Sie sind zwar ein ernstzunehmender Faktor der Meinungsbildung, auch der Massenmanipulation, aber kaum ein Medium nachdenklicher Geschichtsarbeit. Allerdings wird ihr Handwerk, welches oft genug mit politischem und mit profitorientiertem Kalkül dem Motto »Alles darf falsch sein, nur die Namen müssen stimmen« folgt, durch unsere eigenen Versäumnisse in der Geschichtsarbeit sehr erleichtert.[26]

Fragen wir nun nach den Autoren gedruckter Publikationen, offenbart sich ein nachdenkenswerter Befund: Unter Dutzenden Buchveröffentlichungen über das MfS finden wir nur sieben Bücher, deren Autoren Mitarbeiter des MfS waren[27]. Bei der seriösen Zeitschriftenliteratur sieht es ähnlich aus. Die Zahl der früheren Mitarbeiter des MfS, die mehrfach oder auch nur einmal mit Publikationen zum Thema in Zeitschriften oder Aufsatzsammlungen hervorgetreten sind, ist unter 20 zu beziffern. In der Tagespresse finden sich zur Thematik selten Artikel oder Leserbriefe von MfS-Mitarbeitern, wiederum konzentriert auf wenige Namen. In Berlin erscheint die kirchlich geförderte Zeitschrift »Zwie-Gespräch –

Beiträge zur Aufarbeitung der MfS-Vergangenheit«. Sie ist ein sachliches und dialogorientiertes Medium und steht den früheren Mitarbeitern des MfS offen. Bisher wurde jeder eingereichte Beitrag veröffentlicht. Die Zeitschrift ist als Informationsquelle für andere Medien ein Multiplikator – und deshalb zusätzlich wichtig. Aber wie wird sie genutzt? Nur wenige frühere MfS-Mitarbeiter sind Abonnenten[29] oder nehmen sie als Autoren in Anspruch, meist aus Kreisen des Insiderkomitees. Erkundigungen bei anderen seriösen linken Medien über eingereichte Beiträge ergeben Fehlanzeige. Reaktionen auf Veröffentlichungen Dritter sind selten. Diese Abstinenz der früheren MfS-Mitarbeiter steht in einem schroffen Gegensatz zu den Klagen, es gäbe angeblich keine Medien, in denen sich MfS-Leute unverfälscht äußern könnten[30].

Ist dieser Befund nicht schon für sich genommen eine Aussage? Denn unter den zuletzt 85.000 hauptamtlichen Mitarbeitern des MfS und den tausenden früheren »Veranwortungsträgern« sollte doch kein geringes Potential von Autoren enthalten sein. Haben sie nichts mehr zu sagen? Lassen sie sich das Wort verbieten? Oder sind sie einfach nur verstummt?

Dieser Blick auf die Oberfläche deutet auf die Schwierigkeiten des Umgangs mit der eigenen Geschichtswahrheit hin.

Ist schon das quantitative Bild so trist, wird der Befund noch befremdlicher, setzt man ihn ins Verhältnis zum früher vertretenen Selbstbild. Haben wir einstigen Revolutionäre so resigniert? Sind wir so verschüchtert, dass wir sogar den Kampf mit dem Wort, mit objektiver Beschreibung, mit nachdenklicher historischer Analyse, mit – wo notwendig – Rechtfertigung und Verteidigung aufgegeben haben? Wird damit das Wort den – oftmals gar nicht »wohlwollenden« – Außenseitern überlassen? Diese »Außenseiter« haben verständliche Schwierigkeiten mit der inneren Logik von Geheimdiensten – auch wenn sie »wohlwollend« sind. Und selbst die »Wohlwollenden« werden, solange sie vielfach auf die Black-box-Methode der Erforschung des MfS angewiesen sind, hilflos Irrtümern überlassen. Ein Irrtum – nicht nur von historischen Laien – ist der Irrglaube, Aktenlesen allein ergäbe verbürgte Kenntnis. Es gibt keinen einheitlichen Nenner für diesen Befund. Viele Ursachen wirken zusammen, wir wollen einige nennen und kritisch erörtern:

1. Das MfS war als Geheimdienst organisiert. Alle Diensteinheiten waren geheimdienstüblicher Konspiration unterworfen. Zwi-

schen den Arbeitsrichtungen (Linien) und innerhalb der Linien bewirkte die konspirative Abschottung weitere Einengungen des Blickfeldes. Jeder Mitarbeiter durfte – im strengen MfS-Verständnis von Konspiration – nur so viel wissen, wie für seine eigene unmittelbare Arbeit als notwendig erachtet wurde. Nur wenige Persönlichkeiten der Leitung des MfS besaßen einen Gesamtüberblick zu seiner Tätigkeit. Daher sind nur wenige Personen in der Lage, ihre Kompetenz für komplexe Darstellungen und Analysen auch auf eigenes Wissen und eigene Erfahrung stützen zu können. Erschwerend ist für frühere MfS-Mitarbeiter die bestehende Unzugänglichkeit zu den erhaltenen gebliebenen Dokumenten ihrer Arbeit (die sogenannten Sachakten). Insoweit bestehen also Schwierigkeiten. Dennoch haben sie keinen absoluten Charakter.

Denn erstens haben viele der langjährigen Mitarbeiter durch ihre funktionalen Einblicke und ihre Laufbahnwege ein erhebliches Wissen akkumuliert. Dieses ermöglichte ihnen aus der Erinnerung zumindest für Teilbereiche subjektive Darstellungen und objektivierende Analysen. Und sie kennen die »Geheimdienst-Logik«, deren Vermittlung oft Bedingung für richtige Einordnung, Verstehen und für Bewertung ist.

Zweitens: Die Schwierigkeiten sind auch deshalb nur relativ, weil in Fallstudien Einzelnes und Besonders beschrieben und analysiert und so dem Allgemeinen auf die Spur gekommen werden kann. Das gilt insbesondere für politische Zusammenhänge.

Niemand – auch nicht heute »enthaltsame« frühere MfS-Mitarbeiter! – sollte Bemühungen herabsetzen dürfen, innerhalb der kenntlich zu machenden bestehenden Grenzen Geschichtsarbeit zu leisten. Es liegt auf der Hand, dass die Erwartungen um so höher gesteckt werden dürfen, je höher das Dienstalter (also die persönliche Erfahrungszeit), die Dienststellung und Verantwortung (also die funktionale Kenntnis und Kompetenz) waren.

2. Als Hindernis für eine lebhafte öffentliche Teilnahme an der Geschichtsarbeit wird die Strafverfolgung genannt. Ein ernstes Argument. Denn es gibt willkürlichen Umgang mit Beweismitteln und mit gesetzlichen Rechtfertigungsgründen, auch verfassungs- und völkerrechtswidrige Strafverfolgungen, z. B. Verstöße gegen das Rückwirkungsverbot[31].

Wer als persönlich beteiligt Gewesener an der Geschichtsarbeit teilnimmt, hat schon zu berücksichtigen, dass ihm nicht nur von interessierten Medien sein Wort im Munde herumgedreht wird, sondern auch – und sei es nur durch manipulierende Interpretation – als »Beweismittel« vor Gericht gegen ihn verwandt werden könnte. Entgegen dem Legitimationsargument der Siegerjustiz, sie diene der Geschichtsaufarbeitung (statt der Verfolgung strafbedrohter Handlungen!), sind hier zweifellos Grenzen gesetzt. Doch auch sie sind keine absoluten. Denn es gibt viele wichtige Themen, die zweifelsfrei strafrechtlich nicht relevant sind. Außerdem sind abstrahierende Darstellungsformen möglich, die gleichwohl konkretem historischen Bericht und Analyse keinen Abbruch tun.

Ferner: die Bearbeitung von Anklagematerialien erfordert gewiss viel Zeit der davon Betroffenen. Aber sie könnte doch auch für die gleichzeitige historische (und politische) Publizistik verwertet werden! Und: Ist – in politischer Sicht – außer Kraft, was doch früher zum politischen ABC gehörte, dass nämlich der »Kampf gegen Klassenjustiz« vor allem politisch zu führen sei?

3. Ein Komplex ernsthafter Gründe für die geringe aktive Teilnahme an der Geschichtsarbeit ist in sozialen Existenzbedingungen, vor allem der noch jüngeren der früheren Mitarbeiter, zu suchen[32]. Diese sind am unbefangensten und am ehesten einer kritischen Aufarbeitung zugetan. Sie hatten nicht selten bereits in DDR-Zeiten zu kritischen Positionen gefunden. Wenn es ihnen endlich (nach oftmals diskriminierender Ausgrenzung) gelungen ist, eine existenzsichernde Arbeit zu finden, dann fast regelmäßig eine, die ihnen, um in der Konkurrenz bestehen zu können, eine tägliche Arbeitsintensität und -zeit bis zur physischen Erschöpfung abverlangt. Nicht selten die Auskunft, dass der Arbeitgeber sich an der ihm bekannten MfS-Vergangenheit keineswegs stört, aber zur strikten Bedingung (und zum Kündigungsgrund) macht, dass der Mitarbeiter sich in keiner Weise öffentlich als »Ehemaliger« zu erkennen gibt. Bestenfalls darf er sich allgemein und unauffällig politisch betätigen. Auch wenn man solche existentiellen Ausnahmebedingungen zur Kenntnis nimmt, bleibt dennoch enttäuschend, wie geringfügig aus dieser Gruppe wenigstens kleine Beiträge, vielleicht auch pseudonyme, kommen, um mit Mosaiksteinen zur Geschichtsarbeit beizutragen.

Auch die sozialen Schwierigkeiten sind nicht absolut. Deshalb die kritische Anfrage an die große Gruppe jener früheren Mitarbeiter, welche entweder im Rentenalter bzw. im Vorruhestand sind, oder die wegen ihres Lebensalters kaum noch eine berufliche Arbeit finden und Langzeitarbeitslose sind. Aus Generationsgründen gehören zu ihr viele, die auf mittlerer und oberer Ebene Verantwortungsträger waren. Was hindert sie, ihre oft unfreiwillige Freizeit zu nutzen, sich über ihr eigenes Leben Rechenschaft zu geben und nach Kräften, mit ihrem besten Wissen und Vermögen öffentliche Geschichtsarbeit zu leisten? Eine Arbeit, die ja nicht nur rückwärts blickend ist, sondern eine hohe politische Bedeutung besitzt, damit die aus der DDR hervorgegangene politische Linke ihrer eigenen Geschichte, ihrem Herkommen in Marx' kritischem Sinne lernend Herr werden kann.

Die Rechtfertigung, man sei kein Mann der Feder, ist ärgerlich. Das waren die alten sozialistischen und kommunistischen Genossen auch nicht, die mit ihren Memoiren, anderen Formen von Lebensberichten oder mit Sachpublikationen Geschichtsarbeit leisteten. Und sie waren viel weniger mit der Feder vertraut, als diejenigen, welche als Verantwortliche im MfS doch geübte Verfasser von Berichten und Analysen waren.

Sehr erschwerend wirkt nach, dass es im MfS – wie wohl auch in anderen politischen Apparaten in der DDR – an tatsächlicher Wissenschaftlichkeit und an einer werbenden, argumentativen, nachdenklichen Kultur der Öffentlichkeitsarbeit fehlte. Die Linke braucht diese Kultur – also muss man sie durchs Tun erlernen. Mit Brecht: »Die Wahrheit muss der Folgerungen wegen gesagt werden, die sich aus ihr für das Verhalten ergeben.«[33] Deshalb zählt letztlich nur, was öffentlich wird.

4. Wir haben zu den Schwierigkeiten und Grenzen der Geschichtsarbeit stets angefügt, dass sie nicht absolut sind. Weshalb dennoch die so magere Bilanz? Weshalb dennoch die Tatsache, dass das »weite Feld« fast nur »anderen« überlassen ist?

Weitere Teilantworten fügen sich mit den genannten zu einem Ganzen: Offenkundig hat ein nicht unerheblicher Teil der früheren Mitarbeiter des MfS sein früheres Selbstverständnis abgelegt und sich in unpolitische Nischen der Enthaltsamkeit und des Zuschauens zurückgezogen.

Zur Erklärung darf man zweierlei annehmen:

– Einesteils hat bei vielen das als persönliche Niederlage empfundene Scheitern des ersten Sozialismusversuchs zu einer erheblichen Verwirrung und Lähmung geführt. Ihnen scheinen die Ideale zerstört und nicht die (oft selbstgefertigten) Idealisierungen und Illusionen. Daher sei, scheint manchen, das ganze eigene Leben »sinnlos« gewesen. Persönlicher Lebenssinn wird unhistorisch (und im Grunde individualistisch) an das eigene Erlebnis eines finalen, jedenfalls »gesetzmäßig« gesicherten Erfolgs gebunden. Als ob historische Kämpfe keine Niederlagen kennen und als ob die Fähigkeit, mit Niederlagen fertig zu werden, auch durch selbstkritisches Lernen, nicht eine Voraussetzung für geduldiges, sich nicht erschöpfendes Streben nach Fortschritt ist.

– Andererseits – setzt man den Vorgang in das Verhältnis zum Pathos früheren revolutionären Selbstanspruchs, zu früheren Formeln über die »Härte des Klassenkampfes«, über persönliche Opferbereitschaft »in jeder Lage« etc. – ist zu vermuten, dass solcher Selbstanspruch vielen doch nur eine phrasenhafte Hülle und nicht eine verinnerlichte Lebenshaltung gewesen sein mag. Untauglich deshalb, sich heute in der tatsächlichen Härte der Auseinandersetzungen und sozialer Bedingungen zu bewähren.

Ein weiteres Moment – neben »Trotz« – ist, das bei nicht wenigen früheren Mitarbeitern alte Vorstellungen, buchstäblich »altes Denken«, sowie Attitüden der Machtarroganz noch immer fortwirken. Ich meine damit eine Intoleranz, die sich im Fehlen von Dialogwilligkeit und wirklicher Argumentationsbereitschaft, von Nachdenklichkeit und von Sensibilität für fremde Erfahrungen, für die (subjektive) Sicht anderer, auch für deren Kritik an uns, daher auch im Meiden des öffentlichen Diskurses, ausdrückt.

Und ist mit dem Ruf nach »Objektivität« nicht eine Privilegierung nur der eigenen Wahrnehmungen und Wertungen gemeint?

Nachdem es heute keine mit Disziplin auferlegte und mit Selbstdisziplin angenommene – und Halt gebende – Dogmengläubigkeit mehr gibt, folgt daraus eine Unfähigkeit (oder auch Hilflosigkeit), sich »neben sich zu stellen« und kritisch lernend auf früheres eigenes Denken und Tun zu blicken, sowie – um ein Wort Johannes R. Bechers aufzugreifen, welches er auf das Begreifen der faschistischen Katastrophe gerichtet hatte – den »Gewinn der Niederlage« zu erschließen. Nicht Selbstkasteiung ist verlangt – sondern Lernen! Für uns und für die »Urenkel«!

Die Alternative Enquête-Kommission hatte in einer ersten Anhörung zunächst einen Überblick über »Geheimdienste in Deutschland nach 1945« erörtert. Dann in einer zweiten sich speziell der »Spionage und Gegenspionage im geteilten Deutschland« zugewandt[34]. Auf Vorschlag Wolfgang Harichs, des damaligen Vorsitzenden der Alternativen Enquête-Kommission, sollte sich eine dritte Geheimdienst-Anhörung mit den inneren Funktionen des MfS befassen und eine authentische Darstellung der »Innenansicht« ermöglichen. Sie kam nicht mehr zustande – obwohl unter Mitwirkung vieler viel zu ihrer Vorbereitung geschehen war. Es zeigte sich – unter dem Strich – bei dem beteiligten Kreis eine enorme Schwierigkeit, die eigene Geschichte nicht apologetisch, sondern mit kritischer Distanz, ohne beschönigende Selektion historischer Tatbestände, gravierender Fehleinschätzungen und -handlungen sowie anderer Probleme zu beschreiben und zu analysieren. Diese Schwierigkeiten gehen über Interpretations- und Wertungsunterschiede hinaus, wie sie bei komplizierten Gegenständen völlig normal sind.

Die Schwierigkeiten betreffen m. E. insbesondere drei Hauptpunkte:

Erstens ein aus der Befangenheit gelöstes Nachdenken über das innenpolitische Sicherheitsverständnis und die im Ansatz falschen konzeptionellen und strukturellen Regelungen, welche dem Geheimdienst MfS innenpolitisch regulierende Ersatzfunktionen zuwiesen. Die politische Austragung von gesellschaftlichen Konflikten und ideologischen Differenzen, der »Stoffwechsel« der politischer Meinungsbildung und Entscheidungen, waren in der DDR und in der SED, darunter auch innerhalb der SED-Grundorganisationen im MfS, nicht oder völlig unzureichend demokratisch verfasst. Wirklich demokratische Prozeduren waren ersetzt durch extrem zentralisierte Meinungsbildung und Entscheidungsfindung, sowie eine vorwiegend administrative, eine verordnende und kaum werbende Durchsetzung. Wirkliche demokratische gesellschaftliche Kontrolle war weitgehend durch administrative ersetzt. Ein Feld für das MfS, welches – als Geheimdienst! – sogar »Feuerwehrfuntionen« zur akuten operativen Regelung ökonomischer u.a. Schwierigkeiten wahrzunehmen hatte.

Zweitens: Dies musste Folgen für die Organisation, für das Selbstverständnis und die omnipotente Macht des MfS haben (z. B. durch die Zusammenfassung geheimdienstlicher, polizeilicher, rechtspflegerischer und vieler anderer in ausgeweitetem Sinne sicherheitsrelevanter Funktionen). Zwangsläufig entstand so ein günstiger Boden für willkürliche subjektivistische Beurteilungen gesellschaftlicher Erscheinungen, zugleich auch für die Uneffizienz und Folgenlosigkeit administrativ vermittelter richtiger Erkenntnisse über die innere Lage der DDR. Aus der weitgehenden Beseitigung öffentlicher demokratischer Prozeduren, sowie den Fehlbewertungen folgte eine entsprechende Repressionspraxis. Deshalb ist konkrete kritische »Rückfrage« notwendig zu früheren Bewertungen von gesellschaftlichen und politischen Vorgängen als »oppositionell« und von Personen als »feindlich-negativ«, mit daraus folgenden Repressionsmaßnahmen, die sich, vielfach sogar nicht erst heute, als offenkundig falsch oder als politisch, rechtlich und ethisch unverhältnismäßig zeigten und zeigen. Durch solche eigene Rückfrage würde andererseits glaubhaft deutlicher, welche tatsächliche Feindlichkeit gegen den legitimen Versuch einer antifaschistischen und sozialistischen Alternative in Deutschland am Werke und deren Verfolgung eine legitime und legale Funktion des MfS war.

Drittens: Bisher ist (außer in pauschalen Feststellungen) kaum aufgehellt, wie die MfS-Leute sich und der Öffentlichkeit eigentlich die ungeheure Kluft erklären, welche sich zwischen dem »Selbstbild« des MfS und seiner Mitarbeiter und dem »Fremdbild« über das MfS und seine Mitarbeiter entwickelt hat. Während einerseits das MfS sich tatsächlich auf eine breite Basis freiwilliger und überzeugter Mitarbeit stützen konnte, die ein Indikator für Akzeptanz ist, steht auf der anderen Seite – vorsichtig formuliert – das breite Spektrum des MfS-Bildes im Volke von Distanziertheit bis hin zur schroffen Ablehnung und auch Hass. Diese Kluft in alter selbstgerechter Manier undialektisch und verkürzt mit »feindlicher« Einwirkung (der psychologischen Kriegführung, der Medienmanipulation), mit Wende-Opportunismus und mit der »Wendewut« (Gaus) erklären und abtun zu wollen, ist nicht möglich. Allein deshalb, weil es den »eigenen Anteil« ausblendete. Die Aufhellung dieser Kluft ist eine erstrangige Aufgabe, um Ehrlichkeit vor sich selbst und vor dem Volk zu gewinnen.

Das »Insiderkomitee zur Aufarbeitung der Geschichte des MfS e. V.«, dem ich angehöre, vertritt die Ansicht, das ein gewisser Mindeststandard kritischer Aneignung der MfS-Geschichte angeboten werden muss. Die unkritische Apologie besitzt keinen Erkenntniswert. Auf diesen aber kommt es an. Und niemand sollte sich bei der Suche nach Erkenntnis und Bewertung auf das

Befehlssystem, auf eine »Gnade der späten Geburt« oder auf eine »Gnade arbeitsteiliger bürokratischer eigener Unzuständigkeit« berufen.

Soweit skizziert ein Befund. Unrealistische Hoffnungen haben keinen Sinn. Nüchtern ist festzuhalten, dass aus dem riesigen Potential des MfS bisher nur wenige Kräfte bereit, sowie in einer persönlichen Lage und Verfasstheit sind, konzeptionell und – in mühevoller Kärrnerarbeit – wenigstens Teilstückchen zu einem kritischen Geschichtsbild beizutragen. Die dazu bereiten früheren MfS-Mitarbeiter müssen ermuntert werden – auch, indem die PDS Möglichkeiten gibt, in örtlichen Diskussionszirkeln die kritische Selbstverständigung voranzubringen und sie öffentlich zu machen.

Veröffentlicht in: Lothar Bisky, Jochen Cerny, Herbert Meyer, Michael Schumann (Hg.): Die PDS – Herkunft und Selbstverständnis – Berlin 1996, S. 216f.;
sowie in: »Zwie-Gespräch«, Nr. 31, Berlin 1995, S. 22f.

Über den Umgang ehemaliger MfS-Mitarbeiter mit ihrer Vergangenheit

Beitrag auf der Basiskonferenz »Geschichtsaufarbeitung: Der lange Weg vom Bekenntnis über Rechtfertigung bis zum kritischen Umgang ...« des PDS-Stadtvorstandes Leipzig. 25. Februar 1995

Auch ich bin vom »Insiderkomitee zur Aufarbeitung der Geschichte des MfS«. Nach der bisherigen Diskussion scheint mir, dass wir vor einem Dilemma stehen, welches wir auflösen müssen. Das Dilemma ist, dass wir einesteils eine wirklich historische und historisierende Sicht brauchen und andererseits natürlich auch nach individueller Verantwortung fragen müssen. Ich stimme Jakob Moneta, der vorhin zur Diskussion sprach, zu, mit einer Einschränkung. Diese Einschränkung wurde heute eingeführt, als gesagt wurde, dass wir in unserem Handeln ja jenen Forderungen hätten verpflichtet sein müssen, die Karl Marx, in Anlehnung an Immanuel Kant, als kategorischen Imperativ für Kommunisten formulierte. Dieser Imperativ musste für alle, für jeden einzelnen als Handlungsaufforderung gelten: Danach sind »alle Verhältnisse umzuwerfen, in denen der Mensch ein geknechtetes, ein verlassenes, ein verächtliches Wesen ist«.[35] Zu unserem Verständnis von Geschichte gehört schließlich, was wir in der Internationale singen: »Kein Gott, kein Kaiser noch Tribun – wir müssen es selber tun«. »Wir selbst«! Es gibt eben nicht den *deus ex machina* der DDR-Geschichte. Unser Handeln war das Handeln vieler einzelner konkreter Personen (und nicht nur der SED-Führung!) und deshalb sind die Fragen nach Verantwortung oder – wenn man will – auch nach Schuld, schon berechtigt. Allerdings habe ich mit dem Schuldbegriff Schwierigkeiten, denn er wird gern metaphysisch gebraucht, sozusagen freischwebend im Raum, ohne Bezugspunkte. Natürlich braucht man Bezugspunkte. Ich nenne mal solche für die DDR. Einer ist Marx' zitierter Imperativ.

Ein anderer – wenn ich mein eigenes persönliches Verhalten betrachte oder überhaupt das von Funktionären und politisch Handelnden – ist, ob und wie wir die jedem gegebenen Spielräume ausgenutzt haben durch unser Tun und durch Unterlassen. Nein, besser und schärfer: zuerst, vor dem Tun, durch unsere Nachdenklichkeit, durch die Mühe und die Lust eigenen Denkens. Und dann schließlich durch unser Tun und Nichttun. Danach, so glaube ich, müssen wir alle uns selber die Frage stellen. Und: Wir müssen uns diese Fragen heute stellen lassen. Wir müssen die Antworten notieren und sie öffentlich machen: Erstens, weil es eine politische Voraussetzung ist, damit die Linke wieder voll handlungsfähig werden kann und Ansehen erwirbt. Heute! Und wir müssen dies noch in Verantwortung für die Zukunft tun: Wohl alle von uns haben Jürgen Kuczynskis »Dialog mit dem Urenkel« gelesen. Wir brauchen gleichsam einen massenhaften Dialog mit unseren Urenkeln, a`la Kuczynski, denn wir haben unseren Urenkeln zu hinterlassen, welche Fehler sie keinesfalls mehr machen dürfen! Damit sie die Freiheit haben, ihre eigenen Fehler zu machen. Naiv doch die Annahme, große geschichtliche Umwälzungen geschähen nach Reißbrett-Entwürfen ohne Fehl und Tadel.

Und nun komme ich auf das Dilemma zurück: Wie bekommen wir denn die Verbindung zwischen der historischen Aufarbeitung und ihrer individuellen Seite? Erlaubt mir, dass ich noch einmal Karl Marx zitiere, aus seinem »Der achtzehnte Brumaire des Louis Bonaparte«[36]. Er schreibt über die Selbstkritik der Revolutionäre und benennt ihre Zwecke, die Aufgaben, welche Selbstkritik zu lösen hat. Lernzwecke! Also Marx: »Die soziale Revolution kann ihre Poesie« – bedenkt mal, Marx spricht von Poesie der Revolution! – »nicht aus der Vergangenheit schöpfen, sondern nur aus der Zukunft. Sie kann nicht mit sich selbst beginnen, bevor sie allen Aberglauben an die Vergangenheit abgestreift hat.«

Ich unterbreche das Zitat und frage: Haben wir unseren Aberglauben von gestern schon wirklich dingfest gemacht? Weiter nun bei Marx: »Proletarische Revolutionen [...] kritisieren beständig sich selbst« – haben wir das eigentlich getan? – »unterbrechen sich fortwährend in ihrem eigenen Lauf, kommen auf das scheinbar Vollbrachte zurück«. Bei Marx also nichts von der Pseudo-Gesetzmäßigkeit der »Sieger der Geschichte«, denen alles so gelingt, wie es theoretisch zu gehen hätte – »um es wieder von neuem anzufangen; verhöhnen grausam-gründlich die Halbheiten, Schwächen und Erbärmlichkeiten ihrer ersten Versuche«. Da haben wir es – wir müssen unsere Halbheiten dingfest machen. Wir müssen sie ausformulieren. Wir müssen unsere Schwächen und ganz ohne Zweifel auch unsere Erbärmlichkeiten dingfest machen. »Grausam und gründlich« – bedenkt das mal bei unseren früheren Empfindlichkeiten! Marx weiter: »Ihre ersten Versuche (*der Revolution – W. H.*) scheinen ihren Gegner nur niederzuwerfen, damit er neue Kräfte aus der Erde sauge und sich riesenhafter ihnen gegenüber wieder aufrichte, schrecken stets von neuem zurück vor der unbestimmten Ungeheuerlichkeit ihrer eigenen Zwecke, bis die Situation geschaffen ist, die jede Umkehr unmöglich macht, und die Verhältnisse selbst rufen: Hic rhodus, hic salta! Hier ist die Rose, hier tanze!«

Wenn wir uns dieses ins Stammbuch schreiben, dann wissen wir mit der Vergangenheit umzugehen und wie wir dieses Defizit an Vereinigung von historischem Herangehen und individueller Prüfung bewältigen. Im übrigen glaube ich nicht, dass man alles auf die individuelle Psychologie reduzieren darf.

Und jetzt möchte ich unter dem Eindruck des hier gezeigten Filmes[37] noch ein ganz persönliches Wort sagen. Ich war in der HV A, dem Auslandsgeheimdienst der DDR, ein »Einzelkämpfer« und viel in der Bundesrepublik unterwegs. Dort habe ich Polizeieinsätze gesehen. Ich habe sie gesehen mit ihren Helmen, Visieren, Kampfanzügen, schwerbewaffnet mit Schlagstöcken, mit Wasserwerfern, mit Tränengas. Obwohl mir die Dienstanweisung vorschrieb, mich bei solchen Ereignissen zu verdrücken, weil nämlich ein Konspirativer unauffällig sein muss und auch nicht zufällig in das Sichtfeld der Polizei geraten darf, war ich von Neugier gepackt und ich hab's angesehen. Bis zum Jahr 1989 war ich immer stolz darauf, dass in der DDR die Polizei nicht mit Wasserwerfern zu sehen war, nicht solche bewaffneten Polizisten mit diesen furchterregenden Panzerungen ringsum vom Scheitel bis zu Sohle. Aber dann hab ich's bei uns doch gesehen und habe dann, genauso wie Hermann Kant bei einer Kundgebung auf den Stufen des Roten Rathauses in Berlin, mir gesagt, das kann doch nicht unsere Volkspolizei oder, ich sage es allgemeiner, das können wir doch nicht sein, die so geprügelt haben. Aber wir haben es! Die Bilder beweisen es. Der Dokumentarfilm zeigte es. Wenn wir selbstkritisch sind und uns ehrlich machen wollen, ist zuzugeben, dass wir doch einen ganz anderen Ansatz hatten! Dem haben wir nicht mehr entsprochen. Wegen dieses anderen, wegen des sozialistischen Anspruchs dürfen wir uns nicht darauf berufen: »Aber so machen's alle.«

Wir dürfen uns nur berufen auf das, was wir machen wollten, welche Ideale wir verwirklichen wollten und sollten. Die Differenz müssen wir namhaft machen und ihre allgemeinen, wie auch individuellen Ursachen benennen.

»Das Erbe Dzierzynskis« oder Weshalb die Nachdenklichkeit abhanden kam

Diskussionsbeitrag für die Konferenz der Historischen Kommission der PDS »Realsozialistische Kommunistenverfolgung – Von der Lubjanka bis Hohenschönhausen«, 21. Juni 1997 in Berlin

I.

Mir sei ein Gedankenexperiment erlaubt: Wir stellen uns vor, zu DDR-Zeit, vielleicht 1956 nach dem XX. Parteitag der KPdSU, sei ein verantwortlicher Mitarbeiter des Ministeriums für Staatssicherheit der DDR (MfS) gefragt worden, ob er es als hypothetisch denkbar ansähe, dieses Ministerium könnte in »irgendeine Art von Ochrana« ausarten? (Die Ochrana war die gegen aufbegehrende Demokraten und gegen die Arbeiterbewegung Russlands gerichtete brutale zaristische Geheimpolizei. Ihr Name wurde Synonym für Provokation, brutale Unterdrückung und Terror gegen das Volk.)

Welches wäre die Reaktion auf die Frage gewesen? Sehr wahrscheinlich hätte allein die bloße Erkundigung nach solcher Möglichkeit Entrüstung ausgelöst und die argwöhnische Vermutung, ob sie nicht einem »politisch-negativen« Denken entspringe. Wenn nicht gar einer »feindlich-negativen« Haltung!

Aber: Eben eine solche Frage stellte sich Feliks Dzierzynski, der Gründer der Außerordentlichen Kommission zur Bekämpfung der Konterrevolution und Sabotage. Denn ahnungsvoll erwog er die Gefahr einer Entartung der Tscheka.

Darüber wird Erstaunliches erfahren, wer die Erinnerungen Zofia Dzierzynskas, seiner Frau, aufschlägt, obwohl die 1964 in der Sowjetunion erschienene Fassung gewiss gefiltert ist. Sie schreibt: »Feliks war nach den Worten W. R. Menshinskis[38] ›der strengste Kritiker seiner Schöpfung (*der Tscheka – Z. D.*)‹. Er fürchtete nichts mehr, als dass sich der Wurm in ihr einniste, sie ein sich selbst genügendes Organ werde, die Verbindung zur Partei verlöre, ihre Mitarbeiter schließlich auf Abwege gerieten und ihre immensen Rechte ausnutzten«.[39]

Zofia Dzierzynska berichtet, ihr Mann habe die Gefahr gesehen, seine Schöpfung könne »schädlich« werden und »in eine Ochrana oder in ein Organ der Konterrevolution (ausarten)«[40]. Nämlich dann, wenn sie nicht ein »Organ des Zentralkomitees« bleibe, also dessen Kontrolle entzogen werde. Dieser Satz muss vor dem Hintergrund des leninschen Parteiverständnisses und Lenins Verlangen nach Demokratismus und der damaligen Situationen verstanden werden, in welcher die Frage »Wer – wen?« noch nicht entschieden war.

Mit wenigen Sätzen vermittelt Zofia Dzierzynska zudem, worin ihr Mann das eigene, ein kommunistisches Ethos dieses Machtorgans sah: Er verlangte nämlich nicht nur Konsequenz bei der Bekämpfung der im damaligen Bürgerkrieg und der ausländischen Intervention gegenwärtigen Konterrevolution. In dieser angespannten Situation forderte er strikte Gesetzlichkeit sowie von den Mitarbeitern, »sich um die Menschen zu kümmern und taktvoll (sic!) selbst gegenüber denen zu sein, die verdächtigt wurden, Verbrechen gegen die Arbeiter- und Bauern-Macht begangen zu haben.«[41] Zofia Dzierzynska zitiert Feliks D.: »Wer von euch hart geworden ist gegenüber den Leiden der Inhaftierten, der sollte diese Institution verlassen. Hier muss man mehr als anderswo ein gutes mitfühlendes Herz haben.« Den Tschekisten als Repräsentanten dieser Macht gebot er: »Jeder Anschnauzer, jede Grobheit, Unbescheidenheit und Unhöflichkeit [...] ist ein Schandfleck, der auf diese Macht zurückfällt.«[42]

Dieses niederschreibend, bin ich versucht, als Kontrast einige Zitate des rüden Anklagegebrülls Wyschinskis in den Moskauer Prozessen dagegenzusetzen, oder die widerspruchslos angehörten polternden Machtworte des Ministers E. M., oder – schlimmer! – Dokumente über die erniedrigende Behandlung, welche in MfS-Haft Kommunisten zuteil wurde, die später von erfundenen Anschuldigungen befreit und rehabilitiert werden mussten, wie z. B. die in Haft genommenen Kommunisten Leo Bauer, Alfred Drögemüller, Willi Kreikemeier; Paul Merker; Fritz Müller; Johannes Schellenberger; Hans Schrecker; Fritz Sperling; Bernhard Steinberger, Rudolf Zuckermann.

II.

Das MfS sah sich in der revolutionären Tradition der Tscheka. Minister Mielke liebte es, die Mitarbeiter mit Pathos Tschekisten zu nennen. Dzierzynskis Verlangen, die Mitarbeiter der Tscheka sollten einen »kühlen Kopf, ein heißes Herz und absolut saubere Hände« haben und persönlich bescheiden sein, war den meisten Mitarbeitern des MfS wohl nicht nur ein geläufiges Zitat – sondern ein persönlich ehrliches Ideal. Dieses nehme ich auch für mich in Anspruch.

Aber: War in unser Denken auch die Nachdenklichkeit Dzierzynskis eingegangen, mit der er die immanenten Gefahren der Entartung eines Apparates sah, welcher mit so großer Macht ausgestattet war? Und zwar schon zu einer Zeit, als die innere Entwicklung der Sowjetunion noch von Bürgerkrieg und ausländischer Intervention bestimmt war und noch nicht, wie in den 30er Jahren, vom »Sieg des Sozialismus« gesprochen wurde?

Wäre solche Nachdenklichkeit über immanente Gefahren des Machtapparates MfS nicht zwingend notwendig geworden? Nicht schon spätetestens nachdem der XX. Parteitag der KPdSU 1956 die nach Dzierzynskis Tod in der Stalinzeit eingetretene Entartung der Tscheka enthüllt hatte, nachdem Beria entmachtet wurde und nachdem auch in der DDR viele Menschen, meist bewährte Kommunisten, rehabilitiert werden mussten – an deren Anschuldigungen, Verurteilungen und Haftbedingungen das MfS seinen praktischen Anteil hatte? Diese Nachdenklichkeit kann sich natürlich nicht auf bloße konkrete »Einzel-Fälle«, namentlich von ungerechtfertigter strafrechtlicher Repression, begrenzen. Eine solche Beschränkung käme ihrer Verniedlichung zu Justizirrtümern gleich. Besonders von heute her gesehen ist auch zu bedenken, mit welchem eigenen Zutun das MfS bis zum Ende der DDR die jeweiligen dogmatischen Züge der Kultur-, Wissenschafts- und Informations-Politik der SED, die öffentliche Selbsttäuschung über die ökonomische Situation und die Art der inneren Konfliktursachen unterstützte. Denn damit wurden für den Sozialismus große Potenziale von Kreativität zerstört; Intellektuellenfeindlichkeit und Misstrauen gegen kritisches Denken wurden genährt. Nachzudenken ist über die Zusammenhänge aller dieser Elemente der Sicherheitspolitik und über ihre ideologischen Rechtfertigungen, d. h. also über das Herrschafts- und Demokratieverständnis.

In vielen Diskussionen nach dem Ende der DDR habe ich erfahren, wie schwierig selbst mit dem Abstand einiger Jahre solches kritisches Nachdenken ist. Z. B. berufen sich manche der Jüngeren darauf, sie seien zu jung gewesen, um den XX. Parteitag der KPdSU bewusst wahrgenommen zu haben. In ihrer Ausbildung und »Erziehung« zu Tschekisten seien die dort aufgeworfenen Probleme niemals offiziell thematisiert worden. Die letzte Feststellung ist richtig und enthüllt die strikte Tabuisierung dieser Thematik durch die SED(-Führung): »Keine Fehlerdiskussion!«. Sie belegt, wie wenig konsequent oder gar nicht (nach Zaissers Absetzung[43]) die stalinistischen Denkmuster des Gesellschaftsverständnisses und der Herrschaftsausübung seitens der MfS-Leitung in Frage gestellt wurden. Die MfS-Leitung ging, nach den (oft nur halbherzigen) Rehabilitierungen, zur Tagesordnung über. Waren (sind) die verweigerte Benennung und die »Enthaltsamkeit« bei der kritischen Auseinandersetzung mit Irrtümern und Fehlern nicht auch Zeichen von Machtarroganz, eines Ausweichens vor eigener politischer Verantwortung – und einer Anspruchslosigkeit des theoretischen Denkens? Wer dennoch darüber sprechen wollte, bekam schnell den Stempel »politisch-negativ«, »revisionistisch« o. ä.

Zuweilen wird die gleichermaßen oberflächliche wie blockierende Erklärung angeboten, es sei eben Vorkrieg oder Krieg und Faschismus oder eben kalter Krieg gewesen. Als ob infolgedessen das Gesetz des eigenen Handelns vollständig dem – tatsächlichen – Gegner abgetreten und nun von diesem bestimmt wurde, als ob die eigenen Ideale und Maßstäbe suspendiert seien!

III.

Lassen wir für unsere Betrachtung an dieser Stelle beiseite, welches die spezifische Verantwortung der Verantwortlichen an der Spitze des Machtapparates war. Deren Verantwortung taugt nicht als Alibi: Es sei denn, wir wollten in das spießige Klischee des tumben Mitläufers schlittern, der selbst ohne gesellschaftliche Mitverantwortung für das Ganze eben nur mit den völlig legitimen Staatsschutzfunktionen, z. B. der Verfolgung von Spionage oder Terrorismus, zu tun gehabt hat?

Fragen wir also uns selbst: Darf man – erst recht von heute her gesehen! – den ersten Teil der oben zitierten Antwort hinnehmen, nämlich die Berufung auf »späte Geburt«? Oder die Berufung darauf, selbst an diesem oder jenem zweifelhaften Geschehen nicht mitgewirkt, keinen eigenen (direkten) Einfluss gehabt zu haben? Zumal wir doch sonst und völlig richtig darauf beharren, dass geschichtliche Zusammenhänge, politische Inhalte und wichtige Tatsachen nicht ausgeblendet werden dürfen! Denn wenn auch nicht offiziell, nicht »von oben« gewünscht, war allein schon aus der viel gelesenen Literatur reichlich und erschütternd über Machtmissbrauch und tragische Menschenschicksale bekannt.

Wer von uns Mitarbeitern des MfS las nicht die Romane Konstantin Simonows? Erhielten wir – am Beispiel von Serpilins Schicksal – nicht Kenntnis von Abgründen? Wer von den Mitarbeitern des MfS las nicht einen der Romane Tschingis Aitmatows? Erhielten wir nicht aus seinem »Weißen Dampfer«, aus »Gülsary« oder der »Richtstatt« reichliche historische Kenntnis? Welche Gedanken löste das Gleichnis der an den »Mankurts« vollzogenen Menschenmanipulation in Aitmanows »Der Tag zieht seinen Jahrhundertweg« aus? Hatte er nur über eine vergangene Geschichte oder nicht auch über Gegenwart geschrieben?

Wer von den Mitarbeitern des MfS erhielt durch das Schicksal unseres Traditionshelden Richard Sorge nicht Anstoß für kritische Nachdenklichkeit? Und welches waren unsere Gedanken beim Lesen der Memoiren Sandor Radós? Geben sie doch Einblick, wie die entartete Tscheka nach 1945 mit diesem großen Aufklärer umgegangen war. Drang nichts über das tragische Schicksal des *Grand chef* der Roten Kapelle, Leopold Trepper, in unsere Sinne?

Und fragten wir uns nicht nach dem Schicksal Bersins, des legendären und erfolgreichen Chefs der sowjetischen Militär-Aufklärung? Was dachten wir uns beim Lesen der Erinnerungen Erwin Geschonnecks über seine faktische Auslieferung an die Nazis?

War dies alles etwa nur eine sowjetische Sache und fern von uns? Betraf es nur das sowjetische Vorbildorgan oder nur die frühen sowjetischen Besatzungseinflüsse? Hatten wir nicht vieles davon angenommen und als Eigenes verinnerlicht? Auch, als wir längst kritikfähig sein konnten? Welchen Einfluss auf unser Problembewusstsein und auf unser Handeln im eigenen Spielraum gewannen Debatten und Auseinandersetzungen in der DDR? Wer las nicht Kuczynskis »Dialog mit dem Urenkel« und darin über die dogmatischen Verirrungen unseres Gesellschaftsverständnisses: Im Sozialismus keine Widersprüche, schon gar keine antagonistischen?! Was dachten wir uns über die von Hermann Kant in der »Aula« erzählte Geschichte einer fast klassischen Auseinandersetzung mit unserem Mißtrauen?: Die Freunde Iswall, Trullesand und Jakob Filter aus dem Zimmer »Roter Oktober« suchen im Gespräch mit dem Spanienkämpfer und SED-Kreissekretär Haiduck Rat wegen des vom doktrinären ABF-Parteisekretärs Angelhoff gegen »Quasi« Riecks TBC-Arzt Gropjuhn erhobenen Misstrauens, denn dieser plane einen »Angriff auf die ABF«.

Sie erfahren: »Misstrauen ist Munitionsvergeudung«. Löste nicht unsere Nachdenklichkeit aus, wie Kant jenen hysterischen Typ von Kurzschluss-Argumentationen Angelhoffs lächerlich macht, welcher doch auch in unseren Reihen nicht fremd war: Der TB-Arzt Gropjuhn sei nicht Mitglied der DSF, »folglich« kein Freund der Sowjetunion, »folglich« ein Feind der Sowjetunion, »folglich« gegen den Frieden, »folglich« ein Feind? War dies nicht eine »Folge«-Kette, die schnell und leicht zur Wertung »politisch-negativ« führte?

War es nicht so, dass – nach dem XX. Parteitag – diese und andere unübersehbare Anstöße zu Nachdenklichkeit nur noch mit Ignoranz übersehen werden konnten? Eine peinliche Frage, aber wir müssen sie uns selbst stellen.

IV.

All dieses hätte doch – »von unten« her! – Dzierzynskis Nachdenklichkeit über Entartungsgefahren, über deren Gründe und Erscheinungsformen in uns erwecken müssen. Und mehr als nur Nachdenklichkeit: auch Konsequenzen für das Verständnis der eigenen Arbeit, für das eigene Verhalten, zumindest im Spielraum der eigenen Verantwortlichkeit.

Wie sind wir damit umgegangen? Gab es etwa überhaupt keine Nachdenklichkeit? Doch, es gab sie, wenn auch selten im »offiziellen Raum«. Weshalb aber nicht im offiziellen Raum, z. B. in den Versammlungen der SED oder in Schulungen? Weshalb nur »inoffiziell«? Was setzte der Nachdenklichkeit Grenzen und dem Geltendmachen ihrer Ergebnisse enge Schranken, sodass dann am Ende wir die Zeichen nicht erkannten oder verdrängten?

Weshalb haben wir unsere »inoffiziellen« Erkenntnisse und Ansichten nicht so in unserem Handeln umgesetzt, dass von uns und rechtzeitig eine Reform des realen Sozialismus ausging?

Dazu gehört die (Teil-)Frage, weshalb sich unser Selbstbild von dem des Volkes entfernt hat. Bis sich dann das Volk erst allmählich, dann sprunghaft und massenweise von der DDR abwandte. Obwohl sie doch gegen die Barbarei des asozialen Kapitalismus mit seinen Kriegen, mit seinem Tanz um die Macht des Geldes, mit seiner sozialen Kälte, mit seiner Ausbeutung der Dritten Welt – und mit seinen faschistischen Ausgeburten! – dennoch ein kostbarer Ansatz für eine Alternative war? »Wir« müssen darauf Antworten suchen und sie unseren Erben, unseren »Urenkeln« hinterlassen.

Was hinderte uns? Wollen wir, die wir doch glaubten Marxisten zu sein, behaupten, wir wären nur bewusstlose und willenlose Rädchen eines Mechanismus gewesen und wir hätten uns nicht als Subjekt der Geschichte verstanden: Das System war alles, ich bin ein Nichts, also auch für nichts verantwortlich? Wie erklären wir uns das hier beschriebene Phänomen eines subjektiven Versagens? Ja, eines Versagens, denn – sehen wir vom Faktor des ökonomischen Kräfteverhältnisses ab – unser Versuch, eine sozialistische Gesellschaft zu schaffen, ist auch durch unser Tun und Unterlassen gescheitert.

V.

Leider gibt es keine repräsentative soziologische Untersuchung dieses Phänomens. Deshalb bleibt nur der mühevolle Weg, subjektive Reflexionen über eigene Erfahrungen zusammenzutragen. In Kurt Hagers Erinnerungen[44] findet sich mehrfach die Selbstbezichtigung, er sei in bestimmten Situationen feige gewesen. Mag sein. Aber er und viele andere haben im Kampf gegen den Faschismus großen persönlichen Mut bewiesen. Daher kann wohl kaum von charakterlicher Feigheit gesprochen werden. Was im Einzelfall als eine individuelle Feigheit oder – z. B. bei gewissen Geständnissen und selbstkritischen Bezichtigungen – als Kapitulation vor dem Druck der eigenen Genossen erscheinen mag, war es nicht ein soziales und ideologisches Phänomen, dessen Genese wir zu ergründen und aufzudecken verpflichtet sind? Nein, Feigheit und bloßer Opportunismus sind kein befriedigender Erklärungsansatz, obwohl natürlich nicht zu leugnen ist, dass es übersteigerten Ehrgeiz, charakterlichen Opportunismus und die korrumpierende Wirkung von Karriere-Denken gab. Das wäre bei einem so großen Apparat und bei den gering entwickelten Formen offener Diskussion eine zu naive Annahme Wir wollen hier darauf nicht näher eingehen, denn es sind keine spezifischen Erscheinungen der DDR-Gesellschaft.

Von meinen Überlegungen glaube ich, dass sie trotz – oder vielleicht gerade wegen – einiger Besonderheiten meiner Biographie einen Pfad öffnen könnten, dieses Phänomen zu verstehen. Prozesshaft vereinigen sich in ihm viele Komponenten: Unerfahrenheit und wachsende Erfahrung; unkritisches Vertrauen in tatsächliche oder angemaßte Autoritäten und wachsende Unabhängigkeit des Denkens; naive Gläubigkeit und wachsendes kritisches Denken; Verdrängungen und treibende Zweifel; disziplinierte Selbstzensur mit der »Schere im Kopf« und Aufbegehren; Zaudern und Unsicherheiten; aufrichtige Loyalität; taktische Anpassungen. Die taktischen Anpassungen folgten oft aus der Bestimmung von Prioritäten. Auf diese werde ich noch zurückkommen.

Zu dem hier erörterten Phänomen gehören unabtrennbar begünstigende Umstände und »die Verhältnisse«, aus denen sich Kriterien und Prioritäten für die persönlichen Werte und das persönlichen Verhalten ableiteten.

Ich sehe allerdings keinen Grund, jene Erwartung an linke Selbstkritik zu erfüllen, wonach ausgerechnet und allein von denjenigen abzuverlangen wäre, engelsrein und ohne Abweichung vom eigenen Ideal zu sein, die nach dem Faschismus, nach Deutschlands Okkupation Europas, nach industrialisiertem Menschenmord eine an die Wurzeln gehende grundlegende Alternative versuchten. Solche Erwartung ist entweder weltfremd oder heuchlerisch. Zumal gleichzeitig »auf der anderen Seite« die staatliche, die ökonomische und die gesellschaftliche Macht weitgehend von der personellen Kontinuität der alten Eliten getragen wurde. War deren Bekenntnis zur »Freiheitlich-demokratischen Grundordnung« nicht etwa eine perfekte »Wendehalsigkeit« (und ein taktisches Manöver zugleich)? Was wiegt das Bekenntnis der im Amt gebliebenen Nazirichter, die weiter die Kommunisten verfolgten, aber ihresgleichen schonten, zum Grundgesetz? Dieses etwa personifiziert am führenden Grundgesetzkommentator, Theodor Maunz, der bis zu seinem Tode den Neonazis verbunden war?

Nur: Die Welt ist nicht so beschaffen, dass Ideal-Wirklichkeits-Konflikte überhaupt vermeidbar wären. In seinem Stück »Die Maßnahme« erkundigt sich Brecht:

Mit wem säße der Rechtliche nicht zusammen
Dem Recht zu helfen?
Welche Medizin schmeckte zu schlecht
Dem Sterbenden?
Welche Niedrigkeit begingest du nicht, um
Die Niedrigkeit auszutilgen?
Könntest du die Welt endlich verändern, wofür
Wärest du dir zu gut?
Wer bist du?
Versinke in Schmutz
Umarme den Schlächter, aber
Ändere die Welt: sie braucht es! [45]

Und an die »Nachgeborenen« richtet Brecht die weise Bitte:

Ihr, die ihr auftauchen werdet aus der Flut,
In der wir untergegangen sind,
Gedenkt,
Wenn ihr von unseren Schwächen sprecht,
Auch der finsteren Zeit,
Der ihr entronnen seid.
[…].
Dabei wissen wir doch:
Auch der Hass gegen die Niedrigkeit
Verzerrt die Züge.
Auch der Zorn über das Unrecht
Macht die Stimme heiser. Ach, wir,
Die wir den Boden bereiten wollten für
Freundlichkeit,
Konnten selber nicht freundlich sein.
Ihr aber, wenn es soweit sein wird,
Das der Mensch dem Menschen ein Helfer ist,
Gedenkt unsrer
Mit Nachsicht. [46]

Seit ich Brechts Verse zum ersten Male las, versuchte ich sie als Mahnung zu beachten. Die von ihm poetisch abgebildete historische Spannung wurde aber nicht aufgehoben, als wir in der Aufbruchstimmung der Nachkriegs- und Gründerjahre der DDR

Brecht/Eislers »Fort mit den Trümmern und was Neues hingebaut« oder Ernst Fischers »Der Krieg ist kein Gesetz der Natur, er wird von Menschen gemacht« sangen und glaubten, jetzt beginne das »Kapitel II der Weltgeschichte« (Erich Weinert) und unsere neue Welt sei eine heile Welt. Deshalb dürfen wir gewiss an unseren eigenen Idealen gemessen und mit ihnen kritisiert werden – aber nicht von allerlei Wendehälsen.

VI.

Das MfS war für die innere Sicherheit des Staates der wichtigste und ein potenter Machtapparat der DDR. Dennoch lässt sich das gestellte Problem nicht als ein MfS-Problem fassen. Es ist nur mit dem Blick auf unser von der SED geprägtes Gesellschafts- und Staatsverständnis fassbar, darin eingeschlossen das innere Sicherheitsdenken und das Verständnis von Zweck und Maß der Macht.

Die Fokussierung der Diskussion auf das MfS, wie sie vorherrschend in den Medien, von manchen Politikern, Politologen, Historikern, auch einer nur noch eifernden Fraktion der ehemaligen Bürgerrechtler und Herrn Gauck vorgenommen wird, provoziert schnell eine sterile Verteidigungs-Haltung, ebenso wirkend, wie die sogenannte juristische Aufarbeitung von Geschichte. Nähmen frühere MfS-Mitarbeiter diese Diskussionsbasis an, setzen sie sich dann nicht selbst Erkenntnisschranken? Durch eine Verteidigungs-Haltung und theoretische Anspruchslosigkeit, statt einer eigenen Lern-Haltung, die kritische Analyse will. Verzichteten sie dann nicht, zur heutigen Politikfähigkeit der Linken ihren Beitrag zu leisten?

Indem ich nach kritischer Analyse frage, behaupte ich nicht, ein kritisches Nachdenken habe es in der DDR, im MfS nicht und nie gegeben.

Z. B. waren die oben bezeichneten Ereignisse und literarischen Anläße, aber auch Erfahrungen aus der eigenen Tätigkeit nicht nur für mich Anstöße und Gegenstand für Nachdenklichkeit. Letztlich aber kommt es auf die Folgerungen an.

Zu welchen Folgerungen hatte kritisches Denken geführt – oder auch nicht? Ich stelle uns diese Fragen vielleicht ob der geringen öffentlichen, also politisch wirksamen, Reflexion früherer Mitarbeiter mit einer gewissen Ungeduld, aber nicht anklagend. Was sollten Anklagen oder eilfertige Beteuerungen von »Schuld«? Wessen und welcher Schuld? Kollektiver, individueller, politischer, moralischer, strafrechtlicher – und nach welchen Kriterien? Statt Anklage und zerknischtem »mea culpa, maxima culpa« ist ein linkes Lernen gefragt, welches der Weisheit der Gesellschaft verfügbar werden muss. Dafür werden Beschreibung und Analyse von politischen und gesellschaftlichen Inhalten, von Tatsachen und Prozessen und ein Verstehen gebraucht. Dann erst wird moralische Bewertung möglich. (Wer eine Entschuldigung erwarten darf, wird von Einsichten eher befriedigt sein können, als von oberflächlichen Reue-Floskeln.)

VII.

Lenins berühmte Köchin kann den Staat nicht ohne Kenntnisse regieren. Durch vorenthaltenes Wissen wird sie entmachtet. Die Geheimsetzung von »Herrschaftswissen« – etwa über die realen Probleme, den Zustand, die Konflikte der Gesellschaft – ist Manipulation und Entmündigung. Ich zögere deshalb nicht, deutlich auf die Verantwortung jener hinzuweisen, die sich dieses undemokratischen Mittels bedienten, wobei sie gegen besseres Wissen mit Fälschungen, erfundenen Beschuldigungen, Schönfärberei sowie Unterdrückung von Kritik und Zweifel hantierten. Insoweit besaß die Repressionspraxis des MfS (als Institution) eine einschüchternde Funktion. Sie richtete sich – etwa mit dem unsinnigen Verbot des Westfernsehens – auch gegen die eigenen Mitarbeiter und erzog damit wahlweise zu Heuchelei oder Ignoranz. Es war mein Glück, Mitarbeiter der HV A zu sein. Wie grotesk: Hätte hier nicht jeder wegen Dummheit und Unfähigkeit im »Operationsgebiet« eine Parteistrafe verdient, wenn er nicht möglichst viele der Westmedien verarbeitete?

Trotz der extremen Zentralisierung und der mit ihr verbundenen Disziplinierung in der SED waren niemals völlige Uninformiertheit und Uniformität entstanden, eigenes Denken und Emanzipation durch eigene Anstrengung unmöglich gemacht und Spielräume völlig aufgehoben worden. Wer mag, soll sich darauf zurückziehen, er sei nur ein willenloses, bewusstloses Rädchen eines Mechanismus gewesen. Zweifellos, Mechanismen – wo bestehen sie nicht?! – sind Handlungsrahmen. Menschen aber sind zu eigenem Denken begabt und verantwortungsfähig, jeder entscheidet letztlich dennoch selbst über sein Tun und sein Unterlassen. Walter Ulbricht betrachtete es als Tugend der Funktionäre, disziplinierte »Durchführer« von

Beschlüssen und Weisungen zu sein. Aber gab nicht auch die »Durchführung« Spielräume? Und musste der »Durchführer« seine Erfahrungen nicht bewerten? Müssen wir uns solchen Fragen nicht wenigstens heute stellen?

Gern zitierten wir Brechts »Fragen eines lesenden Arbeiters« – »Cäsar erschlug die Gallier./ Hatte er nicht wenigstens einen Koch bei sich?« – und wandten uns gegen ein Geschichtsverständnis, welches Geschichte nur als »Werk der Großen« ansah. Konsequenterweise sollten wir heute nicht nur nach Ulbricht, Honecker, Mittag, Mielke und Hermann fragen, sondern nach uns, den Köchen. Die Schärfe unserer Fragen an »die Großen« dürfte anschließend gerechter sein.

VIII.

Kritische Reflexion erfordert Kritikfähigkeit. Der Unerfahrene, der Lehrling, gar wenn er auf seinen Meister und dessen Autorität fixiert ist, besitzt sie noch nicht. Nach der Befreiung vom Faschismus wollten wir Neues bauen – es sollte antifaschistisch sein, es sollte »Nie wieder Krieg« gewährleisten, es sollte die politisch und vor allem die ökonomisch und militärisch Verantwortlichen an Krieg, Faschismus und sozialem Elend entmachten. Daran ist kein Abstrich nötig.

Gewiss gab es die eigenen Traditionen der deutschen Arbeiterbewegung. Aber nach der Dezimierung der Kader – und den Toten des Krieges – waren sie nur noch in wenigen Älteren lebendig. Das Vorbild, das Modell des »ersten sozialistischen Staates«, des stalinschen Typs, konnte so übermächtig werden. Dies um so mehr, als wir Deutsche in einer tiefen Schuld standen. Wir waren in fremden Ländern umhergezogen, besonders in der Sowjetunion, und hatten auf »verbrannter Erde« Millionen Tote hinterlassen. Kritik an der Sowjetunion? Vorerst ein absurder Gedanke.

IX.

Am eigenen Leibe erlebte ich die Sowjetunion nicht als eine dämonische stalinistische Macht. Im Gegenteil: In Gestalt eines ihrer Kulturoffiziere, des jüdischen Hauptmanns Edelberg aus Leningrad, lernte ich sie in meiner Heimatstadt Halle in einer Weise kennen, die nicht distanzierte Kritik, sondern Sympathie begründete. Er war – wie auch seine Kollegen – eine kultivierte, hochgebildete und einfühlsame Persönlichkeit, hochgeachtet, ja verehrt ob seiner Verdienste um den Wiederaufbau des kulturellen Lebens in der Stadt. Während manche deutsche Genossen mir jungem und noch suchenden Mann mit Ungeduld und Mißtrauen begegneten, erlebte ich durch ihn (und andere Kulturoffiziere) das pure Gegenteil. Durch ihn lernte ich am eigenen Kopf, was Toleranz gegenüber einem »Andersdenkenden« ist. Toleranz nicht durch sprachlose Duldung, sondern durch das Ernstnehmen des Widerparts, durch einfühlendes Mitdenken seiner anderen Ansichten und achtungsvollen Streit. Heftigen Streit, stets mit Gründen, stets mit nachdenklichem Für und Wider, immer mit Aufeinandereingehen und mit Argumenten, nicht zuletzt mittels Literatur und Kunst. Aber niemals mit der oben aus Hermann Kants »Aula« zitierten Angelhoff-Logik. Meine sowjetischen Streitpartner hatten ihre festen Überzeugungen, aber sie sahen sich nicht als unfehlbar, sondern sich selbst als Lernende.

Jetzt setzt eine merkwürdige Dialektik ein: Die durch eine eigene Erfahrung begründete Sympathie (die sich durch weitere Momente, insbesondere die Literatur, vertiefte) wurde das Beherrschende. Ja, weshalb nicht? Mein Bild vom sozialistischen Humanismus und meine Maßstäbe wurden bleibend von einem sowjetischen Kommunisten geprägt, der Toleranz vorlebte. Und der nicht schlechthin als eine Privatperson zufälligen Charakters angesehen werden konnte. Von einem zweiten, ebenfalls jüdischen, sowjetischen Kulturoffizier, Hauptmann Kogan aus Odessa, erfuhr ich über antisemitische (nicht zu verwechseln mit antizionistischen) Tendenzen. Wie hätte ich auf einen anderen Gedanken kommen können als den, dass solche Tendenzen, nach deren spezifischen historischen Quellen ich mich erkundigte, mit Sozialismus nichts zu tun haben konnten? In diesen frühen Prägungen, an denen deutsche Kommunisten teilhatten, übrigens auch Victor Klemperer, liegt – für mich wenigstens – eine Hauptwurzel für ein Sozialismusverständnis, das sich aus Marx' »kategorischem Imperativ für Kommunisten« herleitete: »Alle Verhältnisse zu zerbrechen in denen der Mensch ein erniedrigtes, ein geknechtetes, ein verlassenes, ein verächtliches Wesen ist […].«[47] Es wurde die unbeirrbare Grundlage meiner späteren Kritik an den Entartungen des realen Sozialismus, vor allem für mein eigenes, nach bestem Wissen und Gewissen erfolgendes Handeln im eigenen Spielraum. So waren meine Prioritäten, deshalb wurde bei mir aus Kritik nicht Abwendung, schon gar nicht Abtrünnigkeit. Ich glaube, dies war nicht nur meine individuelle Position.

Im Verlaufe der Jahre habe ich besser verstehen gelernt, dass man sich über Menschen nicht spontan und allein nach ihren ideologischen Reflexen auf Lebensrealitäten ein Urteil erlauben darf, sondern erst unter Betracht der ihnen individuell bedeutsam gewordenen Realitäten ihres Lebens und ihrer Gründe. Als Beispiel für einen solchen Wertungskonflikt füge ich ein, dass die von einmarschierenden Rotarmisten begangenen Kriegsgrausamkeiten von mir immer und zuerst als eine böse Folge der staatlichen Grausamkeit des deutschen Aggressionskrieges und der deutschen Mordmaschinerie gesehen wurden. Auch heute beharre ich darauf, dass sie historisch anders nicht gesehen und bewertet werden können. Aber war auch von den Betroffenen so ohne weiteres diese Sicht abzuverlangen – und im übrigen ihr Schweigen? Zur Toleranz gehört, anderes Erleben und andere Erfahrung wenigstens in ihren Zusammenhängen zur Kenntnis zu nehmen, mit Konstantin Simonows »Es gibt kein fremdes Leid«. Dennoch dürfen historische Ursachen nicht eliminiert werden.

Von stalinschen Repressionen hatte ich lange keine Ahnung. Auch nicht von Genossen meiner Umgebung, die selbst welche erlitten hatten. Eine betroffene Genossin antwortete mir auf die Frage nach den Gründen ihres Schweigens, sie habe nicht aus Disziplin geschwiegen, sondern aus Scham, dass »bei uns« solche Entartungen und Exzesse stattfanden. Gelegentliche andersgeartete Nachrichten, meist aus westlichen Quellen, entsprachen nicht der eigenen Erfahrung und wurden als grundsätzlich unglaubwürdig, als Verleumdung abgetan. Als Stalin 1953 starb, erfasste auch mich Trauer. Obwohl selbst vom politischen Kult um Stalin angesteckt, wollte mir nie in den Kopf, weshalb ein Mensch, der – wie Stalin – als Wissenschaftler bezeichnet wurde, ein für allemal das non plus ultra sein sollte. Das höchste meiner erst instinktiven und eher ästhetischen Kritik war damals ein Vergleich mit Albert Einstein: Mit diesem solche Vergötterung zu treiben, würde geschmacklos sein. Deshalb schien es mir schon fast ein eindeutiges Signal zu sein, als die FDJ-Zeitung *Forum* zu Stalins Tod Brechts »Teppichweber von Kujan-Bulak« auf ihre erste Seite setzte: Besinnt euch auf euch selbst!.

Der Leser wird sich denken, welche schockierende Wirkung der XX. Parteitag der KPdSU auf mich haben musste. Es war aber nicht einfach nur ein Schock. Er war zugleich (!) das Erlebnis der Fähigkeit zu Wahrhaftigkeit und Selbstreinigungskraft.

Eine Episode zeigt typisch, wie viele Genossen die »Enthüllungen« der Verbrechen Stalins verarbeiteten. Mit Horst Grunert, damals noch junger Diplomat in der Warschauer DDR-Botschaft, reiste ich nach Krakow. Der XX. Parteitag war ein Hauptthema. Grunert erzählte von den Auswirkungen in Polen, welches in besonderem Maße von Stalins Willkür betroffen war. Wir waren beide erschüttert und entsetzt über die zutage gekommenen Dinge, aber Grunert fand einen treffenden Ausdruck für unser Verständnis: Dass der XX. Parteitag so rückhaltlos offen die Fehler und Verbrechen Stalins ausbreitete, sei ein Zeichen der Selbstheilungskräfte der Arbeiter- und insbesondere der kommunistischen Bewegung. Kein Gedanke, wegen der Enthüllungen und Enttäuschungen »abtrünnig« zu werden. Im Gegenteil: Enttäuschung wurde zur Hoffnung. Schlussfolgerungen sollten gezogen werden. Ich hatte den Gedanken, dass man, so schlimm die aufgedeckten Verbrechen Stalins auch seien, das Geschehen sowohl mit einer weltweiten Totale, als auch mit historischem Abstand betrachten und werten müsse: die Große Französische Revolution von 1789 werde heute nicht nach ihren Exzessen und Terrorhandlungen beurteilt, sondern nach ihren hauptsächlichen Ergebnissen, dem Sturz des Feudalabsolutismus und der freien Entwicklung des Bürgertums, nach der Bahnfreiheit für den Kapitalismus, nach ihrer viel weitertragenden Losung »Freiheit, Gleichheit, Brüderlichkeit«. Das zeitgenössische Urteil über Größe und Elend der französischen Revolutionsjahre dürfte zu Teilen wohl weniger freundlich gewesen sein, als das heutige.

Für mich bedeutsam wurde ein Erlebnis: Im Februar 1956, noch während des XX. Parteitages der KPdSU, nahm ich bei Kurt Hager, damals Sekretär des ZK, an einer Beratung teil. Sie diente der Information und Selbstverständigung. Einer Einführung Hagers folgte eine sehr offene Aussprache. In der Runde war ich der Jüngste und blieb nur aufmerksamer Zuhörer. Eine Einzelheit prägte sich tief ein, weil sie für mich eine bis heute wirkende Schlüsselbedeutung erhielt. Hager äußerte sich über die Geschichtsschreibung. »Jetzt endlich, Genossen«, sagte er mit unüberhörbarer Genugtuung, »können wir die Wahrheit schreiben«. Ich war elektrisiert, meine Ohren wuchsen, die Sinne schärften sich. Bisher nämlich hatte ich (fast) unbeeinträchtigt und ziemlich naiv geglaubt, »wir«, also die Partei, würden die Wahrheit und nichts als die Wahrheit schreiben. Selbstverständlich immer nur eine Wahrheit der relativen Erkenntnis, aber nicht Tatsachen manipulierend und ohne tabuisierte »weißen Flecken«. Gewiss, politische Irrtümer, Fehleinschätzungen und Fehler sind immer möglich, in der Politik zumal. Das zuzugeben mag vielleicht peinlich sein – aber Geschichte ist auch ein Lernprozess. Kritisches Lernen ist nicht ehrenrührig. Endlich also die Wahrheit, z. B., so Hager weiter, »über die hervorragende Rolle, die Radek und Sinowjew auf dem Vereinigungsparteitag von KPD und USPD in Halle spielten« – das war 1920. »Hervorragende Rolle« Karl Radeks und Grigorij Sinowjews? Beide waren für mich – nach dem »Kurzen Lehrgang der Geschichte der KPdSU(B)« – der Inbegriff von Parteifeinden. Ich hatte eines der Protokolle der Moskauer Prozesse gelesen. Zwar gingen mir die ordinäre Sprache des Chefanklägers Andreij Wyschinskij und das unwürdige Selbstzerfleischende in Äußerungen der Angeklagten gegen den Strich, aber die Vorwürfe gegen sie hatte ich nicht bezweifelt. Ein gewisses Unbehagen, dass sich da in den 30er Jahren viele der engen Kampfgefährten Lenins als Feinde entpuppt haben sollten, war noch schnell verdrängt. Dass Radek und Sinowjew auf dem Halleschen Parteitag überhaupt eine Rolle gespielt hatten, geschweige denn eine hervorragende, war mir unbekannt. Keinen Schimmer hatte ich von der überragenden Bedeutung Karl Radeks für die revolutionäre Arbeiterbewegung in Deutschland und in Polen. Hager resümierte: »Geschichte ist so zu schreiben, wie sie tatsächlich war.« Er erklärte zur neuen Norm, was mir eigentlich schon bisher als Selbstverständlichkeit erschien.

Beide Episoden sind sehr individueller Natur. Dennoch bezeichnen sie eine neue allgemeine innere Situation, einen völlig neuen inneren Rahmen. Sie zeigen nicht nur einen neuen Ansatz. Sie markieren, dass die mittels selektiver Informationen, Verfälschungen, Repression und Disziplinierungen bewirkte Meinungsmanipulation von nun an aufgebrochen und die Tabus dem Zweifel ausgesetzt waren. In den sozialistischen Ländern war die Unantastbarkeit des Repressionsapparates jetzt durch Kritik angeschlagen.

Die weitere innere Entwicklung im realen Sozialismus ist ohne den Schlüssel des XX. Parteitages wohl kaum zu verstehen. Auf der individuellen Ebene beschleunigt sich die Erosion unkritischer Gläubigkeit, Kritikfähigkeit und -bereitschaft (!) wachsen. Deshalb bleibe ich dabei, dass der XX. Parteitag der KPdSU und das ihm folgende »Tauwetter« eine Möglichkeit zur Erneuerung und zur Rückbesinnung auf Marx öffneten.

Aber – so wird heute deutlicher denn je – dieser erste Schritt »von oben« bekräftigte gleichzeitig die verheerende Fixierung auf die Illusion, dass die Veränderung »von oben« zu erfolgen habe. Deshalb – wie wir heute klar erkennen können, ist dies eine Schlüsselfrage – sind die völlige und befreiende Abkehr vom Stalinismus und eine wirkliche Reform des realen Sozialismus aus eigener Kraft nicht gelungen. Wir hatten uns, begünstigt, aber nicht verursacht von den erbarmungslosen Bedingungen der Systemauseinandersetzung, mit den verinnerlichten »ideologischen« Begründungen für den Zentralismus in der Partei und im Staat tief in einer Sackgasse verlaufen.

X.

Ich komme auf das zitierte Argument zurück, die Entartungen, die Verzerrungen und die eigene Härte seien mit der »Klassenkampf-Lage«, nämlich mit Vorkrieg oder Krieg und Faschismus oder eben kaltem Krieg hinreichend erklärt, als habe es kein eigenes Gesetz des Handelns mehr gegeben. Selbstverständlich war die »Klassenkampf-Lage« immer von Belang. Banal die Einsicht, dass unter den Bedingungen des illegalen Kampfes gegen den Faschismus in der deutschen Kommunistischen Partei wenig Spielraum für innerparteiliche Demokratie sein konnte – und dass dies nachwirkte. Banal, dass im Kriege Befehle und Zentralisierung einen höheren Rang haben mussten als Demokratie und in der Debatte geschaffener Konsens. Auch dies wirkte nach. Selbstverständlich wirkten der kalte Krieg und die Konfrontation beider deutscher Staaten auf die individuelle Bestimmung von Prioritäten und Wertigkeiten für die nächstliegende und für spätere Aufgaben.

Als Aufklärer der HV A war ich viele Jahre in der alten Bundesrepublik unterwegs. Um meine Aufgaben erfüllen zu können, musste ich die bundesdeutsche Wirklichkeit, die Parteien, die staatliche Politik, Verfassung und Verfassungswirklichkeit, die Gesellschaft und ihre Konflikte intensiv kennenlernen sowie differenziert und vorurteilslos beurteilen. Etwa hinsichtlich der von uns unterschätzten Anpassungsfähigkeit des Kapitalismus, der hoch differenzierten inneren Widersprüchlichkeit der gesellschaftlichen Verhältnisse und der agierenden Kräfte in der BRD, der Parteien, der Bürgerbewegungen, des ökonomischen Kräfteverhältnisses, der Mehrwertigkeit z. B. der parlamentarischen Institutionen, Rechtsstaatlichkeit und Gewaltenteilung u. a. m. Meine westdeutschen Partner verlangten von mir befriedigende Antworten. Die aber waren vernünftig oft nur bei Abweichen von der »offiziellen Linie« und von unseren vulgärmarxistischen Vereinfachungen zu geben. Etwas salopp und mit einer Metapher gesagt: Pol Pot ließ sich nicht verteidigen, obwohl er offiziell noch akzeptiert war. Oder Enrico Berlinquers »Historischer Kompromiss« und der »Eurokommunismus« ließen sich nicht kritisieren, solange etwa die KPdSU und die SED nach dem Sieg der chilenischen Konterrevolution kein realistisches Konzept für die »Öffnung des Weges zum Sozialismus« besaßen und stattdessen mit dem bequemen Verdikt des Revisionismus operierten.

Mit anderen Worten: Es entstand unvermeidlich eine bestimmte Spannung zwischen eigenen Erkenntnissen, Erklärungs- und Handlungsbedarf und der offiziellen Linie. Damit entstand von selbst eine kritische Einstellung gegenüber bestimmten Momenten der Politik der Partei. Wie weit solche kritischen Erkenntnisse vom Punkt ins Allgemeine gehoben wurden, wirft andere und unangenehme Fragen auf. Nur zwei, auch das MfS betreffende, seien genannt: Weshalb war über derartige Probleme kein offener Diskurs möglich, allenfalls nur stille Wirkung? Oder: Wären in der DDR, wo wir die Macht besaßen, nicht die Offenheit, Werbungs-, Überzeugungs- und vor allem Bündnishaltung der Innen-Politik nicht nur adäquater, sondern auch unendlich leichter gewesen, als es uns erfolgreich im »fremden« Terrain möglich war?

Das sind Fragen, die sich um so mehr stellen, als Aufklärung und innere Abwehr sich im MfS unter einem Dach befanden. Wie konnten unter diesem gleichen Dach – beispielsweise – die einen Walter Jens als großen Humanisten und Friedenskämpfer (Menschenkette, Mutlangen-Blockade gegen die Nachrüstung mit atomaren Mittelstrecken-Raketen) sehen und deshalb als »objektiven Verbündeten«, indessen ihn die anderen als »besonders gefährlichen Konterrevolutionär« empfanden? Noch grotesker, da die DDR gerade begann, endlich seine Schriften zu verlegen?

Es gab Stoff zum Lernen und zu Nachdenklichkeit. Dieses Lernen führte – für mich – zur selbstkritischen Betrachtung unserer Verhältnisse und gleichzeitig (!), gerade wegen der intimeren Beschäftigung mit Teilbereichen altbundesdeutscher Verhältnisse und Politik, zur verstärkten Identifizierung mit der DDR. Meine Kenntnisse von der bundesdeutschen Wirklichkeit und ihren politischen Innereien konnten mir den Kapitalismus keinesfalls als wünschbare Alternative zur DDR empfehlen. Sie konnten nur das Streben stimulieren, die DDR zu verändern, den realen Sozialismus zu verbessern.

Was ich hier als meine individuelle Auseinandersetzung aufgrund von intimerer Kenntnis realkapitalistischer Verhältnisse andeute, war gewiss so oder so ähnlich bei vielen Mitgliedern der SED und Mitarbeitern des MfS (und anderer staatlicher oder gesellschaftlicher Einrichtungen) von großem Gewicht für die Prioritäten ihrer Werte und Verhaltensmotive.

Was aber hielt von der Schlussfolgerung ab, die verkündete sozialistische Demokratie »handfest« einzuklagen?

Ich habe die Fixierung auf eine »Veränderung von oben« genannt, welche sich – angesichts der vergreisten Führung – bis zur völlig ratlosen Hoffnung auf die »biologische Lösung« steigerte.

Doch entscheidender war der Zusammenhang dieses Fixiertseins mit einer anderen ideologischen Selbstfesselung: Unser aller Verhältnis zur Demokratie, unser aller Vertrauen in die Möglichkeit wirklicher sozialistischer Demokratie waren zutiefst gestört.

Es fiel uns schwer anzuerkennen, dass auch im Sozialismus ein Widerstreit objektiver gesellschaftlicher Widersprüche besteht. Dass dies normal ist und die eigentliche Triebkraft der Gesellschaft, die Quelle gesellschaftlicher Kreativität. Wir wollten ungern anerkennen, dass es originäre, nicht von außen hereingetragene gesellschaftliche Konflikte gab – obwohl unsere Kenntnisse dies doch zweifelsfrei signalisierten. Weil – wie selbstverständlich doch! – die Gegner des Sozialismus und der DDR die inneren Widersprüche für sich zu nutzen trachteten, neigten wir dazu, ihr Auftreten, ihre Verlaufsformen und ihre personalen Träger a priori als feindlich zu sehen: »feindlich-negativ«. Wir mochten nicht anerkennen, dass es objektiv und also legitim Gruppeninteressen gab – und keinesfalls eine automatisch und konfliktlos gegebene »Übereinstimmung« von individuellen, Gruppen- und gesamtgesellschaftlichen Interessen. Wir waren (ganz unmarxistisch) auf das Trugbild solcher Übereinstimmung fixiert und hatten uns damit von der Wirklichkeit gelöst. Wir waren beseelt von Voluntarismus und der mechanistischen Vorstellung, wir hätten in gleichsam jeder aktuellen Entwicklung die »Gesetzmäßigkeiten der Geschichte« auf unserer Seite. Daraus folgte, wie unlängst ein früherer leitender Mitarbeiter des MfS bekannte, der Unglaube, wirkliche sozialistische Demokratie würde letztlich die DDR und den Sozialismus kräftigen. Das notwendige demokratische procedere für das Erkennen gesellschaftlicher Probleme, für die Vorbereitung und Findung gesellschaftlicher Entscheidungen erschien so nicht als Quelle von Macht, sondern als Bedrohung von Macht. In dieser Logik blieb zur Erfüllung von Bechers Mahnung – »die Macht sei euch gegeben, / Dass ihr sie nie, nie mehr / Aus euren Händen gebt!« – nur noch die hilflose, die ratlose und erfolglose Repression. Was hat uns der Ersatz wirklicher Demokratie durch absolutistischen Zentralismus und Repression gebracht? Kapitalistische Restauration.

Es wird Zeit, den Urenkeln unseren Rapport aufzuschreiben.

Leicht gekürzt und bearbeitet erschienen in: Utopie kreativ: *Heft 83, Berlin, September 1997, sowie in:* Utopie kreativ: *Sonderdruck Konferenzband »Realsozialistische Kommunistenverfolgung. Von der Lubjanka bis Hohenschönhausen«; Berlin 1997; Dezember 1997*

II.
Das MfS
in der Geschichtsdebatte

Gedanken gegen den Strom.
Über Bürger der Alt-BRD
im Dienste der HV A

(1992/1995)

»Unbestritten«, so heißt es, sei die strafrechtliche Verantwortlichkeit der Spione für die DDR, die in der alten Bundesrepublik beheimatet waren. Nicht so unbestritten sind die strafrechtliche Verantwortlichkeit und – nach der Vereinigung – die Strafbarkeit der nachrichtendienstlich für die DDR tätig gewesenen DDR-Bürger. Die Urteile gegen den früheren BND-Mitarbeiter Spuhler und dessen Bruder, sowie gegen die in dieser Sache angeklagten ehemaligen Mitarbeiter der »Hauptverwaltung Aufklärung« (HVA) der DDR verdeutlichen die unterschiedliche rechtliche Bewertung.

Die rechtliche Beurteilung der DDR-Bürger kann nicht davon absehen, dass sie als Bürger und Staatsangestellte eines Staates tätig gewesen waren, der in seiner Staatseigenschaft mit den Attributen der Selbständigkeit und Souveränität auch von der Bundesrepublik Deutschland als gleichberechtigt anerkannt war und dem sie mindest Loyalität schuldeten. Seit dem Grundlagenvertrag übrigens auch unter dieser speziellen Voraussetzung![48]. Diese Besonderheit ist einer der Kernpunkte der fachjuristischen Debatte. Unabhängig von den daraus folgenden rechtsstaatlichen Konsequenzen konnte diese Besonderheit ein weise gewählter politischer Ansatz sein, Konfliktpotentiale aus der Welt zu bringen oder zu neutralisieren. Zweifellos war oder ist diese Besonderheit ein Element in der politischen Interessenabwägung der Bundesregierung für ein Straffreiheitsgesetz.[49]

Für die in der alten Bundesrepublik beheimateten Agenten – z. B. der HVA – stellt sich die rechtliche Lage anders dar. »Unbestritten«, wie es heißt. Aber auch politisch und moralisch unbestreitbar? Und juristisch? Wirklich so und nicht anders denkbar?

Was hatte BRD-Bürger veranlasst, für DDR-Nachrichtendienste zu arbeiten?

Das Schicksal dieses Personenkreises nach der Vereinigung befindet sich im Hintergrund der Diskussion. Es wird nur unter dem Aspekt möglicherweise anhaltender Gefahren oder als Problem eher beiläufig juristisch erwähnt. Wenn die Geschichte der Teilung Deutschlands tatsächlich aufgearbeitet werden und nicht in unseriösen Schlagzeilen der Boulevard-Presse verkommen oder beliebigen Emotionen überlassen bleiben soll, kann dieses Problem nicht mit selbstgerechter Asymmetrie behandelt werden. Denn das individuelle Handeln der betroffenen Menschen war auch ein Problem der politischen Positionen zweier deutscher Staaten: Durch Vieles waren die beiden Deutschlands getrennt. Sie verstanden sich selbst als Alternativen. Und doch waren sie, wie wohl kaum zwei andere Staaten, im Spannungsfeld von historischer Herkunft, Feindschaft und gleichzeitiger Kooperation, in gegenseitiger Aktion und Reaktion »vereint«.

Der wieder auf Eis liegende Entwurf für ein Straffreiheitsgesetz sieht zwar vor[50], dass auch Menschen dieses Personenkreises Straffreiheit gewährt werden könnte, wenn sie sich selbst den Behörden stellen. Dieses Motiv entspringt freilich nicht einer Reflexion über die Vereinigung als eines Ereignisses wirklich großer historischer Dimension. Es ist allenfalls mit der Sorge verknüpft, aus diesem Personenkreis könnte künftig noch eine Bedrohung für das mit der Vereinigung entstandene Deutschland möglich sein: Es sei zu vermuten, »möglicherweise« habe die DDR solche Agenten an Dienste dritter Staaten »übergeben«. Oder betroffene Personen könnten »erpressbar« sein. Gewiss würde jede Regierung in einem vergleichbaren Fall solche Fragen prüfen. Doch gegenwärtig findet – wenigstens in der sonst bemühten Öffentlichkeit – kaum eine seriöse Erörterung statt. Vielmehr wird suggestiv die Erwartung geschürt, diese Gefahr drohe allgegenwärtig und akut. Angesichts der in Europa entstandenen Lage lässt sich das nur als Instrumentalisierung dieses gewiss schwierigen und emotionsbelasteten Themas für politische Affekte und Effekte auf ganz anderen Feldern verstehen: denn der Realprozess der deutschen Vereinigung verläuft in krisenanfälligen Bahnen.

Eigentlich konnte erwartet werden, ein solches Jahrhundertereignis, wie die deutsche Einheit, werde bei den sie gestalten wollenden politischen Kräften so etwas wie historische Generosität hervorbringen. Sollte nicht angesichts der geschichtlichen Wurzeln des Gegeneinanders der beiden Deutschlands und des beendeten Ost-West-Gegensatzes durch eine politische Geste einem Geist der Aussöhnung Raum geschaffen werden? Statt dessen Kleinkariertheit im Abrechnen bisheriger Feindseligkeit der beiden Deutschlands. Assoziationen an früher geübte Ritterlichkeit gegenüber einem niedergeworfenen Gegner? Vergessen sogar, nachdem nun »Einseitigkeit« hergestellt ist, die frühere humanitäre Praxis der wechselseitigen Begnadigung und des Austausches der Agenten, die schon zum Gewohnheitsrecht und zur zuverlässigen Erwartung Betroffener gewordenen war?

Möge man den »realen Sozialismus« oder die »Partei- und Staatsführung« der DDR beurteilen, wie man wolle: Darf ignoriert werden, dass die Teilung Deutschlands mitsamt ihrer Zweistaatlichkeit die Folge eines von Deutschland begonnenen und verlorenen Aggressionskrieges und die Folge auch jener singulären Verbrechen war, für die Auschwitz oder Buchenwald beispielhafte Namen sind? Nicht ignoriert werden dürfte doch auch, dass auf beiden deutschen Seiten Anlässe und Gegenanlässe bewirkten, alten Argwohn, alte Feindschaften, alten »Kampf« (leider auch alte, oft bornierte Engstirnigkeiten) am Leben zu erhalten. Diese Anlässe und Gegenanlässe (wie auch die Borniertheiten) waren durchaus nicht säuberlich je dem einen oder anderen Staat, der einen oder anderen Gesellschaft, je den Bürgern allein des einen oder des anderen Staates zuzuordnen.

Aus dieser geschichtlichen Realität bildeten sich subjektive Überzeugungen und Motive, bewusst und überzeugt eine Mitwirkung in Nachrichtendiensten als legitim anzusehen. An dieser Stelle ist nicht von Werturteilen über politische Konzepte die Rede: Dies ist ein Plädoyer gegen Selbstgerechtigkeit und gegen Asymmetrie. Redlicherweise muss der untergegangenen DDR auch das zugebilligt werden, wofür der frühere Staatsminister und Geheimdienstkoordinator im Kanzleramt, Stavenhagen, diese Worte fand: »Zu wissen, was ein anderer Staat kann und macht oder machen will, ist das legitime Interesse eines auf seine Sicherheit und die Erhaltung des Friedens bedachten Staates. Die Nachrichtendienste eines Staates sind Ausdruck seiner Souveränität.«[51]

Die von Stavenhagen angesprochenen Legitimations-Muster stützen sich auf die klassischen nationalstaatlichen Interessen. Mindestens seit dem deutschen Faschismus, später dann unter den Bedingungen der – auf beiden (!) Seiten so empfundenen – friedensbedrohlichen Ost-West-Konfrontation, traten weitere spezifische politische Motive hinzu. Sie sind nicht in das überkommene Muster »nationaler« Motive einfügbar, die allerdings oft genug nur nationalistische waren[52]. Auf ihre Weise, um es vorwegzunehmen, haben auch nicht wenige Bürger der Alt-BRD nicht anders gedacht, wie – beispielhaft – prominente Franzosen (de Gaulle, Mauriac), Italiener (Andreotti), Polen (Glemp), die ihre historisch begründeten Sorgen vor einer möglicherweise nicht einzubindenden zentraleuropäischen deutschen Macht auch öffentlich artikulierten. Deshalb erschien manchem von ihnen es subjektiv ein durchaus patriotisch verstandener Grund, mit dem Nachrichtendienst der DDR zu kooperieren. Die Spannweite der Gründe ist sehr weit: Dazu bedurfte es keinesfalls einer vollen oder kritiklosen Übereinstimmung mit der gesellschaftlichen Ordnung in der DDR, oder mit deren Innenpolitik oder mit dem Selbstbild der SED(-Führung) Nicht selten genügte eine quälende Besorgtheit über mögliche scharfe Konfliktzuspitzungen oder gar über deren militärische Lösung. Oder die Sorge, diese könnte durch gegenseitige Fehleinschätzungen begünstigt werden. In der Tat wird jeder objektive Beobachter zugeben, wie es auch bei Stavenhagen anklingt, dass Feindseligkeit Vorurteile und Fehleinschätzungen regelrecht produzieren kann. Und umgekehrt.

Die historisch korrekte und moralisch gerechte Betrachtung verlangt auch ein Erinnern an die z. T. sehr scharfen innenpolitischen Auseinandersetzungen der 50er und der 60er Jahre in der Bundesrepublik: Z.B. über die Wiederbewaffnung und über die Wehrpflicht, über die Notstandsgesetze, über den Nichtbeitritt zum Atomwaffensperrvertrag, über die Haltung zum Vietnamkrieg, über die Nichtanerkennung der Oder-Neiße-Grenze und über die Schwierigkeiten der Regierungen, sich mit einem vertraglich fixierten Gewaltverzicht zu binden. Nicht zuletzt waren es die restaurativen Erscheinungen und das Aufkommen einer neuen rechtsradikalen Szenerie. Darauf reagierte damals Karl Jaspers mit der sorgenvollen

Frage: »Wohin steuert die Bundesrepublik?«. In Erinnerung sind die Versuche eines Griffs nach Atomwaffen und die rüde Abfertigung der »Göttinger Achtzehn« durch Adenauer und Strauß. In ihrer Haltung zur DDR zeigte sich die Bundesrepublik bis zur Etablierung der neuen Ostpolitik Brandts und Scheels keineswegs als ein harmloser Friedensengel ohne Fehl und Tadel. Die Hallstein-Doktrin ist nur ein Stichwort.

Sie war auch für viele Westdeutsche ein Ärgernis gewesen. Und nicht nur wegen etwaiger Sympathien für die DDR, sondern wesentlich auch, weil die BRD mit ihren »querelles allemagnes« sich selbst blockiert hatte. Alles vergessen? Vergessen die scharfen innenpolitischen Auseinandersetzungen um die »neue Ostpolitik« der Entspannung und des Gewaltverzichts? Diese und andere Momente produzierten Motive und Bereitschaften, mit der DDR nachrichtendienstlich zu kooperieren. Im Detail mit sehr unterschiedlichen subjektiven Zielen und Erwartungen. Deshalb ist Minister Kinkels Anspielung auf »Druckmethoden« der DDR-Auslandsaufklärung unrichtig und trifft nicht das Wesen der Motive. Verbirgt sich hinter seiner Sicht vielleicht ein Ausweichen vor der eigenen westdeutschen Geschichte, darunter der Geschichte des von ihm einige Zeit präsidierten BND mit dessen – auch weitgehend personell – bruchlosen (!) Herkunft aus der »Organisation Gehlen« (bis 1945 »Fremde Heere Ost«)?[53]

Es ist eher eine Romantisierung, die vielzitierten Erfolge der HVA vereinfachend ihrer professionellen Qualität zuzuschreiben: Denn nirgendsonst im Gegeneinander von zwei Staaten gab es – ausser der bis 1945 reichenden Vorgeschichte – einen so »fruchtbaren« internen Boden, wie den in der Geschichte bundesdeutscher Aussen- und Rüstungspolitik und bestimmter Aspekte der Innenpolitik bereiteten. Das Spionagegeschehen (in beiden Deutschlands) stellt sich eben nicht einfach als bloßer »Landesverrat« ihrer jeweiligen Bürger dar. Zugleich war es, vielleicht gar primär, eine Funktion der (sehr verschiedenen und auf beiden Seiten nicht ohne verändernde Wirkung gebliebenen) internen politischen, ja auch nur »ideologischen« Auseinandersetzungen, nicht nur zwischen, sondern auch in beiden deutschen Staaten und in ihren wechselseitigen Beziehungen[54].

Juristisch »unbestritten« oder nicht: Nicht wenige der Bürger der alten Bundesrepublik, die für Auslandsnachrichtendienste der DDR tätig geworden waren, taten dies mit politischen Motiven und in einer subjektiv ehrlichen Überzeugtheit, welche in der deutschen Vergangenheit bis 1945 und in der Kritik an weiterbestandenen Rudimenten wurzelte. Keinen geringen Einfluss auf Motivbildungen hatte die unterschiedliche Personalisierung, in der sich beide Staaten und Gesellschaften – vor allem in ihren Gründungs- und Aufbauphasen – darboten. Vergleicht man für jene Zeit die Biografien der Persönlichkeiten, die als Repräsentanten der beiden Staaten und Gesellschaften anzusehen waren (und die sich auch selbst so verstanden), ist eben nicht hinwegzumontieren, dass sich da auch NSDAP-Mitgliedschaften und KZ-Vergangenheiten gegenüberstanden[55].

Die ideellen Motive bedürfen einer historisch ehrlichen politischen und moralischen Wertung. Sie können nicht einfach als ehrlos oder gegenstandslos abgetan werden. Die in München verurteilten Brüder Spuhler äußerten sich in ihrem Prozess über ihre Motive ähnlicher Art[56].

Ein Schwarz/Weiß- oder Ja/Nein-Schema ist unbrauchbar. Es sei denn, man will die deutsche Vorgeschichte – und das sind die Überfallkriege Nazi-Deutschlands, die Nürnberger Gesetze, Guernica und Coventry, Maidanek, Dachau, Oradour und Lidice – ebenso ausblenden, wie etwa die Legitimität jener ausländischen Sorgen, die sich verständlicherweise aus der Rückerinnerung an Erfahrungen »mit den Deutschen« speisen. Wie bigott ist doch in der jetzt vorherrschenden Erörterung dieses Themas die »Methodologie« der Einseitigkeit und Manipulation von Geschichte, von Handlungsbedingungen und von Darstellungen über Personen, ihre Motive und Handlungen, wenn im gleichen Atemzug – mit vollem Recht – solche »Methodologie« als Legitimations-Manipulation der SED-Führung kritisiert wird!

»Unter fremder Flagge«

Nun waren zweifellos nicht alle vom Spionagedienst der DDR Angeworbenen politische Überzeugungs- und mithin politische Täter, welche sich von ideellen Motiven hatten leiten lassen, die in irgendeiner Form auf die DDR bezogen gewesen wären. Alle Nachrichtendienste der Welt rekrutierten und rekrutieren ihre Mitarbeiter auf der »anderen Seite« auch mit spezifisch geheimdienstlichen

Mitteln. Der frühere Präsident des Bundesverfassungsschutzes und des BND, Hellenbroich, verwies kürzlich darauf, dass in den seinerzeit von ihm und von seinem »Gegenspieler« Markus Wolf geleiteten Diensten ziemlich gleiche Methoden angewandt werden bzw. worden sind. Wie soll man angesichts dieser »Enthüllung« Hellenbroichs jetzt, also nach der Vereinigung, eine moralische Wertung jener Personen vornehmen, die nicht auf der Grundlage einer gemeinsamen politischen Motiviertheit oder eines einseitig-eigenen politischen Motivs in eine nachrichtendienstliche Verstrickung mit der DDR geraten waren?

Darf ich so selbstgerecht sein, einem Betroffenen ohne Nachdenklichkeit vorzuhalten, er habe sich von Methoden beeindrucken lassen, die ich selbst anwende, nur dass es eben in seinem Fall die andere Seite gewesen ist? Besonders dann, wenn es Persönlichkeiten betrifft, die sich subjektiv gar nicht als »Quellen« oder Berater für die HV A oder irgendwie sonst für die DDR, sondern möglicherweise für einen der Bundesrepublik befreundeten ausländischen Dienste oder für eine wohlangesehene bundesdeutsche Institution hielten? Und wenn dann, darauf bezogen, ideelle Interessen für ihre Motivation bestimmend oder überwiegend gewesen sind? Den Geheimdiensten ist der Begriff »unter fremder Flagge werben« geläufig. Mit dieser Methode möchte man den Partner nicht bemerken lassen, für wen er tatsächlich arbeitet, weil er dazu niemals bereit und weil deshalb das angestrebte Aufklärungsziel anders nicht erreichbar wäre.

In solchen Fällen könnte einem von DDR-Diensten Angeworbenen vielleicht, aber keinesfalls zwangsläufig, als Schuld nur fahrlässige Gutgläubigkeit vorgeworfen werden. Die persönliche Ehrbarkeit des »unter fremder Flagge« Geworbenen kann man nicht anders bewerten, als man gemeinhin ein Tun bewertet, welches doch eher selbstverständlich schiene oder doch hingenommen würde, wäre denn die »fremde« Flagge eine echte. Mögen sich die Betreffenden dabei auch in diesem oder jenen Grade ausserhalb der Legalität oder anderer Loyalitätsbindungen verhalten haben: Darf aber nicht erfragt werden, ob dies nicht etwa ebenso marktgerecht und systemkonform war, wie die übliche Praxis im Beziehungsgeflecht etwa von Lobby oder Medieninformanten?

Ohne diese Frage würde das Urteil doch sehr einäugig …

Nur »niedere Interessen des persönlichen Vorteils«?

Freilich befinden sich auf der weiten Skala von Interessen und Motiven auch solche von weniger ehrbarer Art. Allen Geheimdiensten ist das geläufig und ein Ansatzpunkt. Jedoch wäre es zu grob vereinfachend, wollte man nun alles auf diesen Teil der Skala reduzieren oder meinen, prinzipiell hätten hierbei subjektiv immer nur »niedere Interessen des persönlichen Vorteils« gewirkt oder das Verhalten dominiert. Nicht-ideelle Motive gelten als moralisch besonders anfechtbar. Gewiss. Aber sollte nicht erwogen werden, dass Motive selten in reiner Gestalt, als ideelle (und nur damit »ehrbar«) und nicht-ideelle (und nur deshalb »niedere«) auftreten? Niemand in der Marktwirtschaft fühlt z. B. seine ideellen Handlungsantriebe (z. B. als Rechercheur einer Zeitung oder als ein Berater) herabgesetzt, weil er bei erfolgreicher Recherche oder Beratung ein Honorar erwarten kann. Gewiss gab es – wie bei allen Geheimdiensten der Welt üblich – auch den puren Nachrichtenhandel: Geld als einziges Motiv. Doch dürfte es nur einen schmalen Teil auf dem weiten Feld von Motiven ausmachen. Wegen des »weiten Feldes«: Sollte nach Hellenbroichs »Enthüllung« über gleiche nachrichtendienstliche Methoden, bevor be- und verurteilt wird, nicht darüber nachzudenken sein, ob diese Gleichheiten den Betroffenen wenigstens als juristisch und moralisch »mildernder« Umstand zugerechnet werden könnten – jetzt, nachdem die Konfrontationsgrundlage des geheimdienstlichen Gegeneinanders weggefallen ist? Soweit man sich auch in diesen Fällen nicht zu einer Geste historischer Generosität und Versöhnung entschließen zu können glaubt? Mit moralischem Rigorismus ließe sich das verneinen. Wäre ein solcher aber lebensklug?

Für den hier betrachteten Personenkreis spielen in der Diskussion weitere Gedanken eine Rolle: Könnte von ihm deshalb künftiger Schaden ausgehen, weil die DDR-Dienste Mitarbeiter an Dienste dritter Staaten übergeben hätten? Oder weil (mutmaßliche) Kenntnisse über nachrichtendienstliche Verstrickungen für die DDR solche Personen erpressbar machen würden? Diese Fragen lassen sich nicht einfach ohne Erörterung abtun. Bei der Vorbereitung des Einigungsvertrages zwischen den Regierungen der DDR und der BRD sind sie sicher erörtert worden. Dazu mögen sich kompetente Personen beider Seiten authentisch äußern. Mitteilungen im

Spiegel können dazu nicht ausreichen. Doch auch ohne authentische Aussagen lässt sich darüber reflektieren: Die umwälzenden Ereignisse in Osteuropa haben nicht nur wenig von dortigen potentiellen Interessenten übriggelassen. Sie schufen vielmehr ein solches Chaos der Leitbilder und der Institutionen, das ein gegebenenfalls angesprochener Bürger der Bundesrepublik kaum noch ideell motivierbar sein könnte, einem Werben nachzugeben oder auch nur Vertrauen zu fassen. Aber einem eventuellen »Erpressungsversuch«? Zwar ist Erpressung ein professionell unqualifiziertes Mittel, aber Irrationales spielte oft genug eine verhängnisvolle Rolle. Dieser Gefahr vorzubeugen und im Eventualfall einen »Ausweg« zu geben, ließe sich eine solche Fassung eines Straffreiheitsgesetzes denken, die Erfolgs-Aussichten minimiert und im akuten Falle einen Weg offenhält, einem Pressionsversuch zu entkommen. Dies, ohne zuvor selbstzerstörende Offenbarungen abzuverlangen.

»Veränderte Zusammensetzung des Bundesstaates BRD«

In die Diskussion über die DDR-beheimateten Mitarbeiter der DDR-Aufklärungsdienste hat der Ermittlungsrichter beim BGH, Detter, eine interessante Frage eingeführt. Sie berührt ein Dilemma: Es dürfe »die veränderte Zusammensetzung des Bundesstaates BRD nicht außer Acht bleiben. Die BRD ist durch den Beitritt der DDR auf 16 Bundesländer erweitert worden. Für fünf dieser Länder haben die betroffenen Angehörigen der Geheimdienste eine erlaubte, vom damaligen Staat DDR sogar verlangte Tätigkeit ausgeübt. Daran hat die Wiedervereinigung nichts geändert. Strafrechtlich relevantes Verhalten [...] hat sich also nur gegen einen Teil (11 Länder) der jetzigen BRD gerichtet«[57].

Detter wird hier wegen des von ihm bezeichneten Aspektes der veränderten Zusammensetzung des neuen Bundesstaates BRD zitiert. Seine Schlussfolgerung bezieht er allein auf die Betroffenheit von DDR-Bürgern. Es wäre nur konsequent, seinen Gedanken über die veränderte Zusammensetzung des neuen Bundesstaates BRD auch auf die betroffenen Bürger der Alt-BRD anzuwenden und sie jenen Bürgern der früheren DDR gleichzustellen, die als vormalige Mitarbeiter westlicher Dienste in den Genuß der nun »veränderten Zusammensetzung« des Staates kommen. Das mag zwar nicht eingeübter Rechtslehre entsprechen. Aber die Ungewöhnlichkeit des historischen Vorgangs dürfte eine solche Konsequenz um so mehr rechtfertigen, als jeder heutige Urteilsspruch »im Namen des Volkes« jetzt jenen Teil einschließt, der immerhin auf der Grundlage zwei- und mehrseitiger völkerrechtlicher Akte hinzugekommen ist. Die Fairnis sollte gerade deshalb daran denken lassen, wie vordem jede Seite das Wirken der Dienste der jeweils anderen Seite zwar bekämpft hatte, dann aber ein gefasster Agent eher früher als später mit Austausch und sozialer Re-Integration sicher rechnen durfte. Dieser in der Konfrontation beschrittene Weg ist entfallen. Geböte das Ende der Konfrontation nicht eine Geste, die an frühere humanitäre Gegenseitigkeit erinnert? Auch wäre zu fragen, welcher Effekt mit Haftstrafen für Bürger der Alt-BRD erreicht werden soll, nachdem das gesamte Bedingungssystem gegenstandslos geworden ist, welches (in der Hauptsache) ihrem vergangenen faktischen Handeln erst Bedeutung gegeben hatte? Gilt bei derartigen (vor allem bei ideell-politisch motivierten) Taten keine Resozialisierungsabsicht und nur Rache (des Siegers)?

Wie auch immer gerechte, nicht von Rache und vom »Nachkarten« bestimmte Antworten zu den erörterten Fragen gefunden werden, bleibt noch eines aus dem Kapitel »Geheimdienstliches – zwischen DDR und BRD«: Vermutlich wäre naiv anzunehmen, künftig würden die Staaten auf solche Instrumente ihrer äußeren Politik verzichten. Aber das Schicksal der DDR, die über Dienste verfügte, deren Effizienz anderen Lebensbereichen der DDR gut angestanden hätte, sollte doch sehr kritisch über Sinn und Unsinn von Geheimdiensten überhaupt und über die mit ihnen verbundenen menschlichen Schicksale nachdenken lassen. Die von Hellenbroich genannte Methodengleichheit vermittelt eine ehrliche realistische Sicht gegen pharisäerhafte Entrüstungen. Doch wer sich einer (auch selbst-)kritischen Aufarbeitung verpflichtet fühlt, sollte seinen Maßstab für die politische und moralische Bewertung von Zweck-Mittel-Relationen nicht aus dem Satz ziehen: »So machen's alle«, sondern aus der Besinnung auf die Grenzen, die menschliche Beziehungen und Würde setzen, auch für das eigene Handeln in politischen Kämpfen.

Veröffentlicht in: Andrea Lederer, Ursula Goldenbaum, Wolfgang Hartmann, Michael Pickard (Hrsg.); »Spionage & Justiz nach dem Anschluss der DDR – Meinungen und Dokumente zu den Prozessen gegen ehemalige Mitarbeiter der Auslandsnachrichtendienste der DDR«, Berlin 1992, S. 32, sowie – redaktionell bearbeitet – in: Unfrieden in Deutschland 5 – Weißbuch über Unrecht im Rechts-Staat , Berlin 1995, S. 311f.

Deutschland als Feld geheimdienstlicher Interessen

Einführungsvortrag bei der Anhörung der Alternativen Enquête-Kommission über »Geheimdienste in Deutschland nach 1945« am 15. Dezember 1993 in Berlin

Die Jahreszahl 1945 markiert einen Beginn und ist zugleich entscheidender Hinweis auf die Voraussetzungen.

1945 ist das Jahr des militärischen Sieges der Anti-Hitler-Koalition über den deutschen Faschismus. In diesem Jahr endete nicht einfach ein Weltkrieg. Er endete mit bedingungsloser Kapitulation und der Besetzung Deutschlands. Es hatte die Welt mit seinen Aggressionskriegen, mit seiner Okkupation fast ganz Europas, mit brutalstem innenpolitischen Terror, mit Rassismus und industrialisierter Menschenvernichtung in Angst und Schrecken versetzt. Nun wurde Deutschland in vier Besatzungszonen der Haupt-Siegermächte aufgeteilt. Damit sind die historisch entscheidenden Voraussetzungen markiert. Zu ihnen gehört, dass aller Widerstand im Inneren nicht zu einer Selbstbefreiung des deutschen Volkes geführt hat. Damit treten die ersten Besonderheiten des Geheimdienstfeldes »Deutschland« hervor. Das Weitere ergab sich daraus mit einer fast eigenen Logik.

– Die Vier Mächte und deren Geheimdienste hatten erstens spezifisches – damals noch gemeinsames – Interesse an der Niederschlagung des faschistischen Regimes und der Verfolgung der Nazi- und Kriegsverbrecher.

– Sie hatten zweitens je eigene nationalstaatliche Interessen in Deutschland und in Zentraleuropa, die sich mit dem ersten zwar verflochten, aber nur z. T. deckungsgleich waren.

Beispielhaft sei nur an die geheimdienstlichen Aktivitäten der Vier Mächte erinnert, um – etwa auf dem Sektor der atomaren und Raketen-Rüstung – sich deutsche Forschungs- und Rohstoffkapazitäten zu eigen zu machen.

– Eine dritte Komponente deutet sich an, sie wird sich entfalten: Das Gegeneinander der ehemals Verbündeten, der Beginn des Kalten Krieges und einer weltweiten Systemauseinandersetzung. Deren beide Grundpole waren der traditionelle Kapitalismus der westlichen Metropolen imperialistischer Provenienz und die sich als sozialistisch verstehende Sowjetunion, später die als »sozialistisches Weltsystem« sich verstehende Staatengruppierung mit Militär- und Wirtschaftsbündnissen (und internen Differenzen). Deutschland war einer der Hauptbrennpunkte.

»Ihre« Besatzungsgebiete, die von ihnen als Paten bewirkte Spaltung Deutschlands in zwei einander als Gegensatz, als Alternativen sich verstehende Staaten BRD und DDR, betrachteten die Supermächte als ihr glacis, aber auch – angesichts des ökonomischen Potenzials der BRD und der DDR – als ihre Instrumente, als ihre Reserve, schließlich als ihre Juniorpartner. Keine Frage, dass diese Konstellation für die beiderseitigen Geheimdienste einen enorm wichtigen Aufklärungsbedarf besitzen musste. Aber in der politischen Auseinandersetzung auch einen Aktionsbedarf mit »geheimdienstlichen Mitteln«.

Ein vierter Aspekt: In Deutschland verlief der sensibelste und zugleich politisch am meisten instrumentalisierbare Teil der Grenze zwischen zwei Machtblöcken. Diese Grenze war – im Zusammenhang auch mit dem besonderen und neuralgischen Status Berlins – für die Geheimdienste verlockend und anziehend. Für ihre Zwecke waren es günstige Zustände der Offenheit, der Halboffenheit, der Unkontrollierbarkeit, der Infiltration und der Penetration in die gegnerischen Strukturen.

Berlin – und in besonderem Maße seine westliche Hälfte – wurde zu einem in der Welt wohl einmaligen Konzentrationspunkt gleichgerichteter und sich gegenseitig bekämpfender oder argwöhnender Dienste. »Geheimdienst-Dschungel« lautete eine für die ersten Nachkriegsjahre treffende Beschreibung.

Fünftens: Zu den Besonderheiten eigener Qualität gehört, dass in diesem Deutschland nicht nur eine Grenze sich ausschließender Eigentumsordnungen und politischer Systeme verlief, sondern die militärische Grenze für die weltgeschichtlich bisher größten und höchstgerüstetsten Militärkoalitionen. Deutschlands Teile waren ihr Vorfeld, Abwehrglacis, Bereitstellungsraum. Bitte erinnern Sie sich allein an die Auseinandersetzungen über die Stationierung atomarer

Waffen, Mittelstrecken-Raketen, an die Überraschungs- und Erst-
schlagproblematik etc. Also: von höchstem militärischen Geheim-
dienstinteresse.

Sechstens schließlich ist über die eigenen Rollen beider deutscher Staaten zu sprechen. Einesteils ordneten sie sich – und ihre
geheimdienstlichen Interessen (nach innen und nach aussen) – in
den übergeordneten Systemkonflikt ein. Sie wurden zu seinem Teil,
in ihm waren sie Juniorpartner und Spezialist für »Deutsch-Deut-
sches«. Aber sie waren auch mit sehr eigenen Interessen ausgestattet,
die ihrer eigenen Geschichte entsprangen.

Das beiderseitige Verhältnis der DDR und der BRD war sehr
komplexer und brisanter Natur: durch die nationale Identität,
durch die gemeinsame historische Abkunft, durch ihr alternatives
Selbstverständnis, durch die Reproduktion alter Frontverläufe aus
der Weimarer und der Nazizeit, sowie durch die Interessiertheit von
Drittstaaten an der deutschen Zweistaatlichkeit als Schutz vor etwai-
gen neuen Hegemonialansprüchen in Europa.

BRD und DDR befanden sich aber nicht nur in Konfrontation.
Sondern immer auch, und nach dem Mauerbau stärker werdend
(»Wandel durch Annäherung«), in Kooperation.

Konfrontation und Kooperation gleichzeitig, beides sich durch-
dringend. Auch in den geheimdienstlichen Aufgaben nach innen
und zur gegenseitigen Aufklärung.

Beide deutsche Staaten lieferten für die Tätigkeit ihrer Geheimdienste, für die Gewinnung ihrer Mitarbeiter besondere, auch mit
historisch-politischen Traditionen verbundene, Motive. Sie sind in
einem gewissen Grade aus ihrer personellen Zusammensetzung
ablesbar.

Nicht zuletzt aber lieferten DDR und BRD in der Welt fast ein-
malige Bedingungen für die gegenseitige Penetration und Infiltration: gemeinsame Sprache, gemeinsame Mentalität, relativ dichte
gegenseitige »Regime«-Kenntnis, um einen Begriff des Fachjargons
zu gebrauchen. Ferner hatte jeder der beiden Seiten auf der anderen
Seite ein Potential von Parteigängern und – bis hin zu den offiziellen Persönlichkeiten – zeitweiligen Verbündeten.

Siebtens war Deutschland auch Standort und Interessengebiet
für die Geheimdienste weiterer Staaten.

Teils, weil sie für das Geschehen in Deutschland und für die
Politik der beiden deutschen Staaten aus historischen Gründen

besonders aufmerksam waren, so besonders Polen und die CSR wegen der bundesdeutschen Irredenta, aber auch Israel oder Frankreich.

Zu einem anderen Teil aber auch, weil die DDR und/oder die BRD bedeutende Exilländer für verfolgte Demokraten aus Drittländern wurden, weil sie als Freundstaaten für deren innere Opposition oder für äußere Feinde Bedeutung besaßen: Griechenland; Südafrika (ANC, SWAPO); Türkei, Iran und Irak (u.a. wegen der Kurdenverfolgungen); Nahostländer und PLO; osteuropäische Staaten wegen ihrer eigenen Exilanten in der BRD; Chile.

Ferner: Die BRD war und ist Schauplatz von Auseinandersetzungen feindlicher ausländischer Interessengruppen. Die DDR versuchte intensiv, sich davon frei zu halten. In der Folge dieses Zusammenhanges bauten die DDR und die BRD ihre geheimen Dienste für die Aufklärung und Abwehr von Terrorismus aus. Im Falle der DDR kam hinzu, dass sie ihre Auseinandersetzung mit der BRD und ihren Schutz vor einem Übergreifen der RAF auf DDR-Gebiet miteinander verband und RAF-Aussteigern Asyl gewährte.

Achtens soll wenigstens erwähnt werden, dass Deutschland auch ein Ort besonderer Kooperation gegnerischer Geheimdienste war: Hier wurden für die auftraggebenden Regierungen diskrete Kontakte gepflegt, hier wurde in eigener Sache verhandelt und der Austausch von Agenten vorgenommen.

*

Die Veranstaltung der Alternativen Enquete-Kommission sieht sich vor einer schwierigen Aufgabe: Der Stoff ist so groß, so vielfältig, dass er seriös an einem Abend nicht zu behandeln ist. In der Beschränkung allein kann die Lösung bestehen. Die Teilnehmer der Anhörung bitten dafür um Verständnis.

Manches wird nicht sehr tief unter die Oberfläche der historischen Prozesse und ihrer geheimdienstlichen Aspekte kommen.

Wir haben es auch mit den Wirkungsrichtungen sehr unterschiedlicher Dienste zu tun: Vergröbert gesagt mit inneren Schutzdiensten (gegen Hochverrat, Landesverrat, Spionage und allgemeinen Staatsschutz, Geheimnisschutz, Personen- und Objektschutz, gegen Terrorismus und besondere Arten der Kriminalität), sowie mit aussenpolitischen Diensten (Spionage, Gegenspionage und Desinformation). Hinsichtlich der Dienste der DDR und der BRD sind deren Leitdoktrinen, Organisationsformen, gesetzliche Legitimationen so gravierend unterschieden, dass vergleichende Analysen, wenn sie die Erscheinungsebene verlassen, schwierig sind.

Einiges zum Vergleich können Sie dem Begleitmaterial entnehmen, welches hier angeboten wird[58].

Es betrifft nur deutsche Dienste und besteht im wesentlichen aus einer Synopse der Einzeldienste des MfS, sowie der Verwaltung Aufklärung der Nationalen Volksarmee und ihrer Pendants in der alten BRD, sowie aus einer diesen Namen verdienenden Gegenüberstellung des Leitungspersonals der west- und ostdeutschen Dienste aus ihrer Gründerzeit. Sie gibt Auskunft über die soziale Charakteristik dieses Personals und über seine politische Betätigung und Prägung in der Nazizeit und während des Krieges.

Veröffentlicht in: »Geheimdienste in Deutschland nach 1945«;
Protokoll der Anhörung der Alternativen Enquête-Kommission über
»Geheimdienste in Deutschland nach 1945« am 15. Dezember 1993
in Berlin; IK-Korr-Spezial Nr. 2, Berlin 1994

Die Vielfalt der IM-Tätigkeit

Ein Diskussionsbeitrag anlässlich und zu Ulrich Schröters Artikel
über die Spannweite und über Bewertungskriterien der IM-Tätigkeit.
19. März 1995

Eines der Ergebnisse der öffentlichen parlamentarischen »Einzelfallprüfung« der Biografie Dr. Manfred Stolpes ist die Entschließung des Landtages Brandenburg »Mit menschlichem Maß die Vergangenheit bewerten«[59]. Die Debatte um den Ministerpräsidenten half zu verstehen, das in der Realität des Staates DDR die Kirchen in ihren Beziehungen zum Staat das Ministerium für Staatssicherheit als ein verfassungsgemäß legitimiertes Staatsorgan nicht ignorieren konnten. Ebensowenig wäre dies irgend einer anderen Einrichtung der Gesellschaft oder des Staates möglich gewesen.

Für viele der Bürger der DDR hatte das MfS eine persönliche Bedeutung – vielfältige, indirekte oder direkte (individuell längst nicht für ihre Mehrheit), negativ oder positiv[60] erlebte. Jeder – insbesondere auch die früheren MfS-Mitarbeiter ! – sollte seine eigene Wahrnehmung für das Ganze, für nicht zu seinem Vorverständnis passende Teile, sensibilisieren. Die IM-Tätigkeit ist ein Teil der Beziehungen MfS-Bürger. Oder richtiger: dieser Bürger zum Staat.

Geheimdienste keine DDR-Spezialität

Ulrich Schröter nennt in seinem Artikel »Die Spannbreite der IM-Tätigkeit – Zur Diskussion über die IM-Kriterien – Vergleichbarkeit des Ungleichen«[61] einen in der Diskussion gern verdrängten Aspekt: Geheimdienste (als Aufklärungs-, Abwehr- und Staatsschutzdienste) waren kein exklusives Instrument allein der Staatsmacht in der DDR. Sie sind eine internationale Erscheinung. Wer nicht beachten will, dass in jedem Staat allein das Bestehen geheimdienstlicher Strukturen auch die bewusste, die gewollte Hinnahme von geheimdienstlichen, also verdeckten Arbeitsmethoden der »Ausspähung« und des Informationsgewinns bedeutet, die sich im wesentlichen überall gleichen, muss sich den Vorwurf gefallen lassen, vorsätzliche Einäugigkeit oder Heuchelei zu pflegen.

Wohl einmalig ist das Offenlegen der Arbeit eines aufgelösten Geheimdienstes – so, wie es mit den verschiedenen Geheimdiensten erfolgte, die im MfS zusammengefasst waren (Spionage und Gegenspionage, Spionageabwehr, Terrorabwehr, Staatsschutz). Durch die Auflösung des MfS wird ein bislang einzigartiger Blick auf die innere Logik von Geheimdiensten möglich. Deshalb – so Ulrich Schröter – werde die »Beschäftigung mit dem MfS auch für andere Geheimdienste [...] brisant«. Ich stimme dem dann zu, wenn die am MfS-Beispiel kritisierten Formen geheimdienstlicher Arbeitsmethoden vor der Adresse der gegenwärtigen Dienste nicht haltmachen.

Der Hinweis, es sei ganz anders, wenn diese Methoden den Geheimdiensten einer parlamentarisch-demokratisch bestimmten Ordnung dienten, ist nicht überzeugend. Das zeigen die Geschichte der – in keinem Fall etwa durch parlamentarische Kontrolle[62] zutage gekommenen – Geheimdienstskandale der Bundesrepublik[63], sowie die liberale Kritik an unausgesetzten Absichten zur Erweiterung des legalisierten Anwendungsraumes für nachrichtendienstliche Ausspähungen. Und es zeigen die Selbstzeugnisse, z. B. über die »Täuschung« als nachrichtendienstliches Mittel[64]. Die »überlebenden« Dienste in Deutschland dürften sehr interessiert sein, dass die Aufarbeitung der DDR-Geheimdienstpraxis sich auch weiter in den Grenzen bloß individualisierender »Aufarbeitung« verliert und in Deutsch-Fernost verläuft. Das tut ihnen nicht weh.

Aus dem Buch der bundesdeutschen Verfassungsschutzbeamten Schwagerl/Walther: »Der Schutz der Verfassung – ein Handbuch für Theorie und Praxis« (1968, S. 91) zum Einsatz von V-Leuten: »Die Mittel des geheimen Mitarbeiters sind Täuschung und Vertrauensbruch, im Fall des Counter-Man (CM) geht Verrat voraus. Es ist müßig, ethische Betrachtungen anzustellen, da die Zielstellung sicherlich höher zu bewerten ist als der interne Verstoß gegen bestimmte Moralvorstellungen. Die Führung der V-Leute erfolgt nicht nur nach dem Prinzip der laufenden Erkenntnisgewinnung aus dem Objekt, sondern kann vorübergehend zu einem aktiven Einsatz führen, um durch die Stimme oder Meinung des V-Mannes die Beschlüsse eines verfassungsfeindlichen Gremiums in einem von dem Auftraggeber gewünschten Sinne zu beeinflussen.«

Vom bundesdeutschen Verfassungsschutz werden als V-Leute Personen bezeichnet, »die in Kontakt zu Einzelpersonen oder Gruppen steh(en), von denen möglicherweise Aktivitäten i. S. d. § 3 Abs. 1 Bundesverfassungsschutzgesetz ausgehen und die durch diesen Kontakt gewonnene Erkenntnisse dem Verfassungsschutz zur Verfügung stell(en)«. *Vgl. H.G.Friedrichs, Der Einsatz von V-Leuten durch die Ämter für Vfs, Göttingen, 1981, S. 9*

»So machen's alle« – nur bedingt als Rechtfertigung tauglich

Trotz dieses klarstellenden Hinweises auf andere Dienste bin ich strikt dagegen, für das MfS verkürzt die Rechtfertigung »So machen es alle« in Anspruch zu nehmen[65]. Im Gegenteil: Gerade weil die Sicherheitsorgane der DDR für sich einen sozialistischen Anspruch erhoben, ist um so mehr zu fragen, ob und wieweit das Verständnis der staatlichen Sicherheit, die Institution und die Mittel (oder die Verhältnismäßigkeit der eingesetzten Mittel) sozialistischen Idealen entsprachen. Von links her muss so gefragt werden.

Freilich kann ich der abstrakt-fundamentalistischen Geheimdienstkritik jener Kritiker und Eiferer nicht zustimmen, die ohne Rücksicht auf historischen Raum und Zeit, ohne Rücksicht auf konkrete Aufgaben und Ziele vorgebracht wird. Ohne Rücksicht auf die Gesellschaftsverhältnisse[66], auf die Interessen und Ziele der Parteien realer politischer Kämpfe kann wohl keine redliche Geheimdienstkritik, auch keine Methodenkritik erfolgen. Z.B. könnte man sagen, Spionage sei per se verwerflich. Würde sich dieser fundamentalistische Spruch auch zur Verurteilung der geheimdienstlichen Aufklärung der Aggressionspläne, der militärischen und militärökonomischen Potenzen und der völkermordenden Vernichtungspläne des deutschen Faschismus bewähren? Doch ganz gewiss nicht! Rechtlichkeit und moralischer Gehalt können deshalb immer nur in den konkreten Zusammenhängen, sowie in ihrer Verhältnismäßigkeit bewertet werden.

Diese Überlegungen habe ich – Ulrich Schröters Gedanken damit etwas erweiternd – an die Spitze gesetzt. Denn sie sind – dies ist unser engeres Thema – auch für die moralische und rechtliche Bewertung der IM-Tätigkeit unumgänglich – sowohl im Vergleich zur bundesdeutschen Geheimdienst-Praxis, als auch – und das ist mein Anliegen – für eine linke Kritik der Sicherheitspolitik der

DDR und ihrer Geheimdienste. Hinzu kommt noch ein weiterer für die Bewertung relevanter Umstand: Die Sicherheitsorgane der DDR waren verfassungsgemäße Institutionen. Mit ihnen in irgendeiner Form zusammenzuarbeiten (ob z. B. als »Amtshilfe« oder ob als IM) kann auch deshalb nicht von vornherein als unrechtlich und moralisch verwerflich bewertet werden. Allerdings muss zugleich festgestellt werden, dass die staatsbürgerliche Loyalität eines Bürgers nicht verletzt war, wenn er eine persönliche Zusammenarbeit mit dem MfS (als IM!) ablehnte.

Ein persönliches Beispiel

Bevor ich fortfahre, ein sehr persönliches Beispiel. Eine personalisierte Auskunft zu »Raum und Zeit«. Ich war Mitarbeiter der HVA, tätig im »Operationsgebiet«. Für meine Verbindung mit der Zentrale standen mir zwei Inoffizielle Mitarbeiterinnen zur Verfügung. Zwei Menschen, die, lebten sie noch, heute dem Verdikt »IM« ausgesetzt wären. An Verdikte waren beide freilich gewohnt: Die Nazis hatten beide viele Jahre im KZ Ravensbrück eingesperrt, mit dem roten Dreieck gekennzeichnet. Wegen antifaschistischer Widerstandsarbeit. Die Nazis hatten beiden Frauen die Männer erschlagen, einen im KZ, den anderen »auf der Flucht erschossen«. Beide lebten nach dem Kriege im Westen. Beide wurden nach dem KPD-Verbot von der Kommunistenhatz[67] bedrängt. Beide – schon ältere Genossinnen – hatten persönlich die Kontinuität des Antikommunismus vom Mord an Luxemburg und Liebknecht über die Nazizeit bis in die deutsche Gegenwart erlebt – und dass ihre Verfolger die gleichen waren, wie vor 1945[68]. Beide übersiedelten in die DDR. Beide waren »einfache Menschen«, Sekretärin und Buchhändlerin. Beide waren selbstlos in der Sozialarbeit für alte Menschen.

Beider Trauerfeiern waren keine Protokollveranstaltungen, aber überfüllt. IM! Wer darf ohne Zynismus ihnen und anderen aufrechten Menschen, die IM waren, so unbesehen das Kainsmal anheften? IM, das reicht. Reicht es wirklich? Kein Gedanke, Biografien, Motive, Aufgaben, Ausführung der Aufgaben in Betracht zu nehmen. Meine beiden IM hatten Verbindungsaufgaben, in einem Zusammenhang, den Richard von Weizsäcker nach seinem Rechtsgefühl in der »hinüber und herüber betriebenen« Spionage sieht, die »infolgedessen parallel behandelt werden muss«.[69]

Das Beispiel dieser beiden IM zeigt, wie weit die »Spannweite« der historischen Einordnung auch für moralische und politische Motive für IM-Arbeit ist, die bedacht werden will, wenn man daran geht, »gerechte« Kriterien für die Bewertung von IM zu entwerfen.

Wegen der konspirativen Struktur und Arbeitsweise von Geheimdiensten blieben die individuellen Kenntnisse und Einsichten der IM in die »operative« Arbeit begrenzt. In der Tat konnte ein IM nur bedingt wissen oder übersehen, welche Bedeutung seine Zusammenarbeit mit dem MfS hatte oder erlangen könnte. Würde er – beispielsweise – in die Beobachtung eines mutmaßlichen BND-Agenten einbezogen gewesen sein, durfte ihm gegenüber keine Dekonspiration dessen erfolgen, was auslösender Verdacht der Beobachtungsmaßnahmen war (z. B. eine Erkenntnis der Gegenspionage). Die konkrete Bewertung des Handelns von IM muss das bedenken. Dass er, im Falle unseres Beispiels, beteiligt war an der Wahrnehmung eines völkerrechtlich legitimen Abwehrrechts eines souveränen Staates, dessen Bürger er war, dürfte ihm weder politisch noch moralisch zum Vorwurf gemacht werden. Einer unterschiedlichen konkreten Wertung bedürfen das Handeln von IM und das Handeln der jeweiligen Führungsebenen. Denn Aufgaben und Auswertung der IM-Tätigkeit – z. B. auch die Verwendung und Bewertung von IM-Informationen – waren Verantwortungsfeld der Führungsebene.

Zum Begriff des Inoffiziellen Mitarbeiters

Ulrich Schröter nennt für die Tätigkeit der IM einen bloß funktionalen Aspekt: Die IM »entlasten den Personaletat des Geheimdienstes, bürgen für maximale Informationsqualität oder Einflussmöglichkeit«. Das ist zwar richtig, verfehlt aber das Wesen der Stellung und der Aufgaben der Inoffiziellen Mitarbeiter des MfS.

Zuerst zum Begriff, er korreliert nicht zufällig mit der MfS-Bezeichung des »hauptamtlichen Mitarbeiters«. »Mit-Arbeiter« ist sprachlicher Reflex des begriffsbestimmenden Regelfalls, dass die IM – analog dem Selbstverständnis der hauptamtlichen Mitarbeiter – als politische Mitkämpfer gesehen[70] wurden, eben nicht mit Distanz als »Instrumente«. Natürlich gab es viele situations- und persönlichkeitsbezogene »Variationen«. Die meisten der in der Minister-Richtlinie für die Arbeit mit IM[71] bezeichneten

Funktionen und Aufgaben von IM würden ohne dieses Mitarbeiter-Verständnis nicht erklärbar und sinnlos sein. Der politische (Soll-)Status der IM unterschied sie – als Regelfall – von den hauptamtlichen Mitarbeitern wesentlich nur durch ihre nebenamtliche und inoffizielle (nicht informelle!) Tätigkeit. Der sprachliche Ausdruck belegt, dass die Inoffiziellen Mitarbeiter Subjekt des nachrichtendienstlichen Agierens waren und nicht selbst ein Objekt der DDR-Geheimdienste. Der MfS-Begriff steht im Kontrast zu den Bezeichnungen traditioneller Geheimdienste (auch des BND und des Verfassungsschutzes) für Menschen, die formal vergleichbare Funktionen ausüben, wie z. B. »verdeckter Ermittler«, V-Person, Informant, Undercover-Agent oder auch Spitzel.

Partnerschaft war ein Merkmal des Verhältnisses
hauptamtlicher und inoffizieller Mitarbeiter des MfS

Die Bezeichnung »Mitarbeiter« reflektiert eine innere Norm der Beziehungen zu den IM, die – ich beschreibe den Regelfall – Subjekt-Subjekt-Beziehungen waren oder sein sollten, aber nicht Subjekt-Objekt-Beziehungen. Mit der für reale soziale Beziehungen gebotenen Differenziertheit darf gesagt werden, dass in den meisten Fällen die Beziehungen zwischen Führungsoffizier und IM partnerschaftlich waren. Es gibt nirgendwo idealtypische Verhältnisse. Die Gestalt und das Niveau solcher Partnerschaft – und der reale Grad von Gleichheit der Partner – waren von den konkreten personalen Konstellationen abhängig, also auch von der Qualifikation und der menschlichen Qualität der Führungsoffiziere, sowie von den Motiven der IM. Nicht selten waren die IM im Verhältnis zu den hauptamtlichen Mitarbeitern als die qualifizierteren und lebenserfahreneren, und als realitätsverbundene Partner besonders geachtet.[72] Dass auch das MfS eine – obendrein militärische – hierarchische Organisation war, wie wohl jede staatliche Behörde (oder auch die Kirchen), war für die Partnerschaftlichkeit ein Rahmen, aber kein prinzipielles Hindernis. Die Hierarchie im MfS hat viel eher bei den hauptamtlichen Mitarbeitern die Gleichheit der Genossen beschädigt. Denn gegen die IM wirkten nicht die inneren Disziplinierungsmechanismen des »Apparates«[73]. Die Planung von Aufgaben musste kein Hindernis von Partnerbeziehung sein. Vor allem dann nicht, wenn der IM sich selbst nicht als ein »Durchführer« verstand und eigene Vorstellungen einbrachte. Gewiss wurde der Grundsatz der Partnerschaftlichkeit[74] in der »Verfassungswirklichkeit« nicht überall und nicht immer konsequent eingehalten. Es ist aber schlicht falsch, wenn diese Norm heute oftmals in ein manipulierendes Abhängigkeitsverhältnis umgedeutet oder (unter Erklärungsnot und Ausgrenzungsdruck, oder einfach wendehälsisch) umgefälscht wird. Es ist sozialwissenschaftlich nicht belegt, aber ich vermute, dass die »Intimität« der Beziehungen zwischen qualifizierten Führungsoffizieren und IM viel eher Befindlichkeit und Potenzen der Partnerschaftlichkeit freizusetzen vermochte, als es der gesellschaftliche Normalfall in größeren Kollektiven zuließ[75]. Das ist eine Aussage über ein Verhältnis zwischen Partnern, noch nicht über die Qualität seines Inhaltes.

Selbstverständlich und für Penetrationsaufgaben eines Geheimdienstes unvermeidbar, dass auch »IM« gesucht wurden, für die – statisch betrachtet[76] – weder nach ihrem subjektiven Verständnis, noch nach jeweiliger Basis der Zusammenarbeit das Prädikat »Mitarbeiter« adäquat war. Im ganzen waren sie die Ausnahme von der Regel.

Ulrich Schröters Sicht und Interpretation der Beziehungen zwischen hauptamtlichen und inoffiziellen Mitarbeitern beschreibt die »Soll-Werte« und »Norm«-Verhältnisse, wohl auch die vorherrschenden Realverhältnisse, verzerrt. Die Ansprache der IM als »Persönlichkeit«[77] ergab sich aus dem Partnerschaftsverständnis politischer Gemeinsamkeit oder alternativ, wenn es solche nicht gab, auch deshalb, weil Partnerschaftlichkeit für viele IM-führende Mitarbeiter eine grundsätzliche innere Haltung war. Verzerrend ist auch die allgemeine Annahme, »nur während des Treffs« sei den IM ein »Gefühl« des Besorgtseins um sie gegeben worden; es seien »Faustpfänder« gesammelt worden u. a.

Eher typisch ist, dass zwischen den beteiligten »Hauptamtlichen« und IM persönliche Freundschaften entstanden sind. Einen Widerschein der typischen Atmosphäre der Beziehungen gibt das von Ulrich Schröter mitgeteilte Moment, dass IM, wenn sie »im Alltag menschliche Nähe vermissten, […] beim Führungsoffizier Ersatz fanden«. Dass auch »Faustpfänder« gesammelt wurden, möchte ich nicht bestreiten – eine solche Praxis rechne ich zu den professionell wenig tauglichen Methoden – zu den Relikten traditionellen Geheimdienstdenkens. Ein solcher Ansatz ist würdeverletzend und er stellt – zumindest potenziell – Partnerschaftlichkeit in Frage.

Es herrschte Vielfalt. Sowohl im tatsächlichen Charakter der Partnerschaftlichkeit, als auch in der Fähigkeit und dem Vermögen der Führungsoffiziere, sie unter den unterschiedlichsten Bedingungen zu gestalten. Verletzungen der Grundnorm waren evident, wenn – falls auch nur unbedacht! – z. B. polizeisprachliche objektbezeichnende Floskeln (»der XYZ«, statt korrekter Namensbezeichnung) gebraucht wurden; oder unkritisch aus traditionellen Diensten übernommene geläufige Formeln wie »steuern«, »abschalten« u. a.[78]

Ich habe hier über die unmittelbaren Beziehungen zwischen Menschen, zwischen den beiderlei Arten von Mitarbeitern geschrieben. Damit sind selbstverständlich die Fragen nach dem Arbeits-Gehalt dieser Beziehungen und nach der Rolle des MfS als Institution längst nicht erschöpft und ist auch nichts über die Gründe gesagt, die DDR-loyale Bürger abhielten, auf Werbungen einzugehen oder sich aus einer zeitweiligen Zusammenarbeit zurückzuziehen. Es wäre eine unzutreffende Charakterisierung der tatsächlichen typischen Beziehungen zu den IM, wenn der Mitarbeiterbegriff als eine bewusste Schönung im Sinne von Orwells »Neusprech« interpretiert wird, weil man damit das moralisch negativ besetzte Wort Spitzel habe vermeiden wollen[79].

Weil ich für die Konkretheit der Bewertungen und für historische Ehrlichkeit bin, käme mir das Wort »Partnerschaft« unangemessen vor, wenn ich an solche bekanntgewordenen Vorgänge (vor allem in der frühen Geschichte des MfS in den 50er Jahren) denke, bei denen sich Mitarbeiter an wissentlich falschen, an fälschenden Beschuldigungen gegen Personen, sowie an moralisch nicht zu rechtfertigender Erfolgshascherei beteiligten, wenn sie nicht irrend, sondern gegen besseres eigenes Wissen und Gewissen handelten. In diesen Fällen dürfte – in einem objektivierenden Sinn – eher von Komplizenschaft zu reden sein.

Sind abstrakte Bewertungsmuster ohne Inhalte tauglich?

In der Diskussion über IM kehren einige Begriffe immer wieder: Vertrauen, Vertrauensmissbrauch, Schaden, Schadenszufügung, Täter, Opfer, Ehrlichkeit, Wahrheit – als Beispiele. Mir fällt auf, dass diese Begriffe fast regelmäßig nur als abstrakte Muster benutzt werden – ohne konkrete Bezugspunkte, ohne den jeweils konkreten objektiven Zusammenhang und subjektive Momente der inhaltlichen Werte der IM selbst zu untersuchen.[80] So wird, von einer prinzipiellen a-priori-Verurteilung ausgegangen, auf die Erscheinungsoberfläche beschränkt: Während die Inhalte (absichtsvoll?) entleert werden, wird Schuld behauptet. Weder für den Einzelfall – falls die Forderung nach Einzelfallprüfung keine leere Floskel bleiben soll, noch für die Grundfrage nach den Zwecken und den gesellschaftlichen Gefahren geheimer Informationssammlung und -bewertung über Personen wird so die eigentliche Problematik deutlich und handhabbar gemacht.

In den praktizierten Bewertungen und Entscheidungen über Beruf, Rechte, Renten usw. wird – abgesehen von der pauschalen Stigmatisierung – regelmäßig auch davon abstrahiert, was ein IM sonst war und geleistet hat, was er heute ist und leistet, ob und welche Lernprozesse er absolviert hat – auch, wie denn seine heutige (!) Arbeits- und sonstige Umgebung ihn im Wissen um seine IM-Tätigkeit beurteilt, ob und wie er mit eventuellen früheren »Kontrahenten« im Gespräch ist. Seine Persönlichkeit als Ganzes, seine sozialen Beziehungen – sie interessieren nicht. Den IM wird – wenn mir dieser Vergleich erlaubt wird – mit einer Undifferenziertheit begegnet, die ich z. B. bei den aus den KZ und aus der Emigration zurückgekehrten Opfern des Faschismus seinerzeit so nie erlebt hatte. Merkwürdig und der Nachfrage wert.

Ulrich Schröter bietet für die Bewertung von IM-Tätigkeit eine versöhnliche, verzeihende Position an. Sie setzt beim friedlichen Verlauf des »Übergangs« an. So hochachtbar für mich dieser Ansatz ist, so problematisch ist er zugleich. Denn er geht von einer stillschweigenden und prinzipiell nicht konditionierten Schuldvoraussetzung aus, die allein mit dem Verratsbegriff korreliert und sogar sagt, »jede bekanntgewordene« IM-Tätigkeit bestätige erneut, »dass Verrat am Mitbürger geübt wurde.« Diese apodiktische Aussage mag zutreffen, wenn sie sich durch die Worte »jede« und »bekanntgewordene« auf den Kirchenbereich beschränkte. Aber die Kirche war nur ein Teil der DDR-Gesellschaft.

Ihren Funktionen nach war die Tätigkeit von IM allerdings vielfältiger, als dass es stets nur um »Persönliches« von Mitbürgern, dazu noch als »Verrat«, gegangen wäre[81].

Ist diese apodiktische Feststellung von Verrat brauchbar, wenn an die Tätigkeit von IM im Bereich der Terrorismus-, der Spionageabwehr, der eigenen Spionage, des Schutzes der Volkswirtschaft, der Bekämpfung von Wirtschafts-Korruption, oder an den Geheimschutz gedacht wird?

Und wie ließe sich bei solchem Bewertungsraster die Tatsache einordnen, dass ein überwiegendes subjektives Motiv der in den volkseigenen Betrieben, im Verkehr, im Binnen- und Außenhandel tätig gewesenen IM darin bestand, gegen Wunschdenken und Schönfärberei, gegen Zentralisierung und Subjektivismus (diese Grundkrankheiten der Partei- und Staatsführung) ein realistisches Zustandsbild und Veränderungserwartungen zu richten? Oftmals das MfS irrtümlich als Ersatz für die ausgehöhlte demokratische kreative und korrigierende Mitwirkung sehend, dabei nicht selten »Feuerwehraktionen« des MfS zur »operativen« Behebung dieser oder jener einzelner (leider eben nur einzelner) Missstände auslösend?

Der strukturelle Defekt: Sozialismus ohne demokratische Meinungsbildung, Entscheidungsfindungs- und Kontrollprozesse

Der eigentliche Ansatzpunkt für Kritik liegt nicht bei den oftmals mit Idealen und Illusionen über solche Einflussmöglichkeit agierenden IM. Die Kritik muss an einem prinzipiellen strukturellen Defekt des versuchten Sozialismusmodells ansetzen. Dieser besteht – ein wenig vereinfacht skizziert – in der Trennung von Sozialismus und Demokratie im Sinne der breitesten effektiven demokratischen Mitwirkung des Volkes an politischer Meinungsbildung, an Entscheidungs- und effizienten Kontrollprozessen – und zwar demokratischen und nicht administrativen!

Der strukturelle Defekt machte das MfS, in seinem Selbstverständnis neben der Arbeiter-und-Bauern-Inspektion zweifellos ein Kontrollorgan, zu einem administrativen und repressiven Kontrollorgan ohne demokratische Öffentlichkeit. Dieser Defekt führte logisch zu einer omnipotenten Stellung des MfS und dazu, dass in ihm Aufgaben übernommen wurden, die keinesfalls Gegenstand eines Geheimdienstes sein mussten und sollten. Das MfS konnte demokratische und öffentliche Kontrolle und öffentlichen Mitwirkung nicht ersetzen. Auch ich hatte die Illusion, das MfS könne zwar nicht Ersatz sein, aber doch ein in Reformation mündendes

Korrektiv[82]. Hätte es diese Funktion tatsächlich erfüllen können und erfüllt, dürfte das Schicksal der DDR anders verlaufen sein; vielleicht auch, aber anders, geendet haben.

Einen zweiten Ansatzpunkt für Kritik gibt – im Kontext des jetzt betrachteten Motivationsbündels von IM – eine im Nachhinein moralisch nötige Frage, gerade wegen der richtigen Beurteilung und Wertung der IM: Welches waren die konkreten, mutigen, auf die Abwehr oder Überwindung der Existenzkrise der DDR gerichteten Anstrengungen der Verantwortlichen des MfS? Gab es solche Anstrengungen? Wie hartnäckig wurden sie verfolgt? Was bremste oder hinderte solche Anstrengungen, welches sind die heute erkannten Gründe für ihren Misserfolg – und für den Untergang aus der Sicht des MfS?

Vielleicht versteht der Leser, dass ich keinen Wall gegen die Kritik des Sicherheitsverständnisses der SED und der ihm entsprechenden Praxis des MfS errichten will. Nein, im Gegenteil: Ich bin überzeugt, dass Kritik erst dann wirklich »scharfsichtig« wird und als »gerechte« Kritik annehmbar und zukunftswirksam wird, wenn sie sorgfältig und umsichtig, sowie nicht vorverurteilend ist und die jeweils konkreten Inhalte nicht ausblendet. Nur dann, wenn keine Beschränkung auf abstrakte »Muster« erfolgt, wird eine wirklich kritische Wertung der »Zwecke« und des Verhältnisses von Mittel und Zweck ermöglicht.

Ich habe keine Illusion, in den großen Medien könnte eine hinreichend seriöse Erörterung erfolgen. Auch im politischen Raum bin ich vorerst skeptisch, trotz nachdenklicher Stimmen z. B. von Günter Gaus, Richard Schröter, Johann-Georg Schätzler[83], Friedrich Schorlemmer, Richard von Weizsäcker und anderen. Zu groß sind die Versuchungen, das »Stasi«-Thema und den Umgang mit IM für ganz andere heutige politische und kommerzielle Zwecke zu instrumentalisieren. Aber in dieser Zeitschrift ist eine vertiefte und nachdenkliche Erörterung möglich.

»Schuld« und Schuld.
Rechtliche Feststellung und moralische Bewertungen

Im Strafrecht gibt es klare Anforderungen an die Feststellung von Schuld. Sein Schuldbegriff ist nicht ethisch und nicht psychologisch bestimmt. Er knüpft – jedenfalls nach positivem Recht – an das Vorliegen der Tatbestandsmäßigkeit eines gesetzlich (!) missbilligten Handelns, welches zum Zeitpunkt der Tat mit Strafe bedroht war. Im Strafrecht also strenge Anforderungen[84]. Es bedarf der klaren Feststellung: strafrechtliche Schuld liegt nicht vor, solange sie nicht durch ein rechtskräftiges Urteil festgestellt ist. Stets sollte, wenn danach gefragt wird, ob Schuld vorliege oder worin sie bestehe, klar gesagt und getrennt werden, ob rechtliche oder moralische Schuld in Rede steht.

Anders als die rechtlichen sind die moralischen Bewertungen des Handelns von Menschen. Sie betrachten nicht einen verletzten gesetzlichen Tatbestand. Moralische Bewertungen greifen weiter. Sie sind oft strenger als die rechtlichen. An die Adresse der früheren Mitarbeiter des MfS sage ich deshalb auch, dass bei aller gesetzlichen Gedecktheit unseres Tuns und Unterlassens – in den jedem von uns gegebenen gewesenen eigenen Spielräumen – die moralische Rechtfertigung nicht von vornherein gegeben ist. Die Art des Handelns (und Unterlassens) in diesen Spielräumen ist ein eigenes moralische Problem. Die von uns zu akzeptierenden ethischen Maßstäbe leite ich ab von Marx' »Kategorischem Imperativ«, der den Kommunisten aufgibt, »alle Verhältnisse umzuwerfen, in denen der Mensch ein erniedrigtes, ein geknechtetes, ein verlassenes, ein verächtliches Wesen ist.«[85]

Zu bedenken ist wohl, dass es über einen Grundkonsens humanen Verhaltens hinaus in der Gesellschaft kaum absolute moralische Normen gibt[86]. Moralische Vorstellungen sind nicht ahistorisch und sie wandeln sich[87]. Auch daher dürfte man bei moralischer Bewertung nicht absehen von Prüfungsaspekten, die im Strafrecht selbstverständlich sind (sein sollten): Die Nach-Frage zu objektiven und subjektiven Umständen, zu Ursachen und konkreten (tatsächlichen) Wirkungen, zu Rechtfertigungsgründen, zu Schuldfähigkeit und zu Motiven. Diese Fragen für Mitarbeiter der Staatssicherheit zu stellen, insbesondere für IM, ist heute unpopulär. Manche betrachten sie sogar als unzulässig. Aber kann die Verweigerung solcher »Einzelfallprüfung« moralisch sein? Kann – etwa nur auf eine Gauck-Karteikarte hin – ohne solche Einzelfallprüfung eine sozial ausgrenzende Entscheidung moralisch sein? Werden aber Recht und Moralität solchen Rück-Fragens abgewehrt, wird daraus dann nicht ein spiegelbildliches Verhalten zu dem, was gerade der Repressionspraxis (nicht nur des MfS) in der DDR vorgeworfen wird?

Denn waren nicht der Eifer des Vorurteils, die verzerrte und selektive Wahrnehmung, war nicht die Verdrängung des gegen unkritische Selbstgewissheit gerichteten Mottos Marx', an allem sei zu zweifeln, – waren es nicht gerade diese Faktoren, welche den »Grenzübertritt« bewirkten von legitimer staatlicher Repression (gegen Kriminalität, gegen tatsächlichen und gesetzlich eng definierten Hoch- und Landesverrat) zu unverhältnismäßiger, zu menschenrechtsverletzender (strafrechtlich extensiver sowie unverhältnismäßiger), sowie demokratieschädlicher Repression? Waren an der letzteren Repression gegen missliebige Bürger der DDR (darunter in nicht geringer Zahl kritische Mitglieder der SED!) nur anonyme Führungs»organe« der SED und anonyme staatliche Sicherheits»organe« beteiligt? Oder nicht zuerst Menschen, also wir selbst mit unseren persönlichen Bewertungen, mit undialektischen Feindbildern, mit unseren Mängeln an Toleranz, mit unserem Unverstand für die überzeugende Gewinnung zweifelnder Menschen, mit unserer oft sektiererischen, (links-)radikalen Bündnisunfähigkeit?

Indem ich ungerechtfertigte Vorverurteilungen und Bewertungen über IM kritisiere, muss ich unvermeidlich auf uns selbst zu sprechen kommen. Denn: Ist nicht das, was viele von uns heute als ungerecht empfinden und tatsächlich erfahren, nicht auch – auch! – eine Reproduktion eines eigenen Registers von Fehlleistungen?

Auch dies ist eine Lehre aus dem Scheitern des Sozialismus-Versuchs der DDR: Gerade wegen der auf die Gegenwart und Zukunft gerichteten »Aufarbeitung der Geschichte«, muss der Wertung des Verhaltens eines IM die konkrete Prüfung vorausgehen. Und er soll Gelegenheit haben, sich ohne ein Vorverurteiltsein zu erklären.

Wie mit der Öffentlichkeit?

Ulrich Schröter bezieht sich auf die Erfahrungen und die Weisheit der Kirche, wenn er den »öffentlichen Umgang mit Schuld«[88] problematisiert. Auch er weist auf die »Gefahr von Sekundärmotiven« hin, die diesen Umgang »zerfressen«: »Drohende Berufseinschränkungen, Arbeitslosigkeit und Einbeziehung von Familienmitgliedern in die Negativbeurteilung hemmen den Mut, sich seiner Vergangenheit zu stellen.« Ja, so ist das derzeitige Leben, aber muss es so sein? Bedarf der richtige Umgang mit solchen Problemen nicht auch des öffentlichen Widerstandes gegen die öffentlichen Vor-Verurteilungen, gegen die straflose Verbreitung fast beliebiger Lügen? Denn die gesuchte Wahrheit und notwendiges Lernen werden durch Lügen und Halbwahrheiten insbesondere von Medien beschädigt. Sie wirken auch in interne Meinungsbildung hinein. Weil Öffentlichkeit durch sie so oder so immer beteiligt sein wird, bleibt nur, so denke ich, dem auch öffentlich entgegenzuwirken.

Weil sich Ulrich Schröter auf kirchliche Erfahrungen bezieht, möchte ich versuchen, diese These auf kirchlichem Feld zu begründen. Mit einem Vorbehalt, denn zur Beurteilung der inneren Situation in den Kirchen der DDR fühle ich mich nicht kompetent. Interessierte Fragen also: Gehörte nicht – beispielsweise – zur Prüfung von IM-Tätigkeiten in den Kirchen auch eine eigene öffentliche Darstellung des inhaltlichen Kontextes, also die Auseinandersetzung über die in den Kirchen selbst vertretenen sehr unterschiedlichen politischen (!) und kirchenpolitischen Richtungen?[89] Denn die Spannweite des Verhältnisses von Christen und von Kirchenleuten zur DDR, zum Sozialismus, zu einzelnen Elementen des Sozialismusversuchs, zur Außenpolitik der DDR (Friedliche Koexistenz und Entspannung, Gewaltverzicht und Abrüstung, Grenzanerkennung, Antikolonialismus, Antirassismus u. a.) war doch sehr weit gefasst: Reichte sie nicht von Identifikation und Zustimmung über partielle Zustimmung und (berechtigte) Kritik an Menschenrechtsverletzungen und an fehlender sozialistischer Demokratie, über Ängste wegen der Säkularisierung bis hin zu kategorischer Feindlichkeit?

(Wobei letztere z. T. durchaus in konservativen Traditionen der alten Obrigkeitskirche wurzelte.) Kann eine angemessene Bewertung der Tätigkeit von IM im kirchlichen Raum ohne das Offenlegen solcher Zusammenhänge erfolgen? Vermittelten sich nicht in den individuellen Beziehungen von Christen und von Kirchenleuten zum Staat auch die innerkirchlichen Widersprüche und Konflikte?

Zugleich aber ist – darin liegt gewiss eine Besonderheit der innerkirchlichen Vertrauensbeziehungen und kirchenrechtlicher

Schweigepflichten – IM durch die Kirche vorwerfbar, wenn Geistliche ihre bei der Seelsorge erlangten Kenntnisse preisgegeben haben, für die sie nach § 27 StPO der DDR Aussageverweigerungsrecht[90] besaßen.

Damit kommen wir wieder auf ein bekanntes Problem rechtlicher und moralischer Bewertungen: den Pflichtenkonflikt. Bewertungen können gewiss nur gerecht und annehmbar sein, wenn sie das Wesen eines Konflikts nicht ausblenden, der auf der Grundlage zweier vom Konfliktträger selbst angenommener (!) Pflichten beruht. Das können rechtliche oder moralische Pflichten sein. Wird den IM überhaupt eine Pflichtenkollision zugestanden? Das wäre natürlich nicht möglich, wenn die Inhalte ausgeblendet werden.

Zu einigen Einzelfragen

Zu einigen der in der öffentlichen Diskussion über IM – auch in Ulrich Schröters Artikel – immer wieder genannten Begriffe möchte ich zur Konkretisierung einige Fragen aufwerfen. Dabei beschränke ich mich jedoch ausdrücklich auf jenen Teilbereich von IM-Aktivitäten, die erstens die Aufklärung von Personen allgemein betreffen, sowie zweitens die Aufklärung und Ermittlung von als staatsfeindlich oder potentiell staatsfeindlich angesehenen Personen und das Eindringen in solche Gruppierungen, möglicherweise verbunden mit Versuchen der Beeinflussung. Das ist nicht das Gesamtfeld von IM-Tätigkeiten.

Ob die Praxis des MfS zu extensiv war oder nicht, ob und wieweit vorgefasste ideologische Konstrukte Verdachtsgründe über mögliche »Staatsfeindlichkeit« unberechtigt oder vorschnell vorgaben, lasse ich im Moment dahingestellt. Das ist einer eigenen nachdenklichen Betrachtung wert.[91]

Auskünfte zu Personen

Personenauskünfte wurden nicht nur über mutmaßlich feindliche oder potentiell feindliche Personen eingeholt. In der Gesamtmenge der Dossierarbeit dürfte diese Personengruppe eine deutliche Minderheit dargestellt haben. Auskünfte wurden eingeholt im Rahmen von Sicherheitsüberprüfungen für Geheimnisträger, für die Einstellung von Mitarbeitern des MfS selbst und zu Personen, die als IM gewonnen werden sollten – möglicherweise auch über deren persönliches Umfeld, soweit dies sicherheitsrelevant sein konnte. Üblicherweise lassen jeder Staat und empfindliche Wirtschaftsbereiche (z. B. Rüstungsindustrie) solche Ermittlungen von ihren Geheimdiensten anstellen, gegebenenfalls von diskreten Detekteien, also auch mit verdeckten Mitteln[92]. Aus der Tatsache des Volkseigentums in der Wirtschaft folgte, dass die Sicherheitsinteressen der Wirtschaft als staatliche Aufgaben wahrgenommen wurden – ein Unterschied gegenüber der BRD, der gern übersehen wird.

Für diesen Teil von IM-Aufgaben wäre völlig unzutreffend zu sagen, dass den IM zwecks Befreiung von Skrupeln zu »Personen, über die berichtet werden soll, […] ein Feindbild entworfen« worden sei. Mitnichten handelte es sich bei dieser »Zielgruppe« um Personen, »die der Gesellschaft Schaden zufügen und den Frieden untergraben wollen«, von »Gegnern gesteuert […] moralisch minderwertig«.[93] Möglicherweise kann bei solchen Ermittlungen zu Sicherheitsüberprüfungen, für besondere Erlaubnisse etc., der befragte IM dann in eine Konfliktsituation geraten sein, wenn er nicht nur Gutes zu berichten gehabt hätte, sondern auch – bei Abwägung im Widerstreit verschiedener Werte und nach Wahrhaftigkeit strebend – »Negatives«. Weil Beurteilungen zu Sicherheitsüberprüfungen (und für »Reisekader«) auch mit verdeckten Mitteln erarbeitet wurden, lässt sich darüber räsonieren. Dennoch sollte nicht übersehen werden, dass Personalabteilungen überall auf der Welt bei der Besetzung kritischer Posten Prüfungen vornehmen[94], die sich nicht auf die blauäugigen Versicherungen des Kandidaten stützen. In solchem Fall ist die Berufung auf »So machens alle« wohl eher akzeptabel und ich halte dafür, dass dieser Teil von Auskünften durch IM schwerlich mit Vertrauensbruch typisiert werden kann.

Die Gefahren geheimdienstlicher Beurteilungen über Menschen

Bei Personenauskünften werden wohl immer subjektive Sichten und Bewertungen eine Rolle spielen. Deshalb bedürfen sie einer quellenkritischen Bewertung, auch durch Vergleich verschiedener Auskünfte. Und wenn mit verdeckt bezogenen Auskünften in einem Geheimdienst ein Persönlichkeitsbild erarbeitet wird, ist sorgfältigste Quellenkritik um so mehr erforderlich. Denn die

Nichtöffentlichkeit begünstigt fehlerhafte, subjektivistische Meinungsbildungen und lässt sie schwer erkennen und korrigieren. Schon bei nicht »vorbelasteten« Fällen ist dies problemgeladen – und besser wäre, Geheimdienste ließen, so weit es irgend geht, daraus ihre Finger.[95]

Erst recht treten Probleme auf, wenn es um Auskünfte zur Verifizierung irgendwelchen strafrechtlich relevanten oder sonstigen politischen Verdachts geht. Die Gefahr selektiver Wahrnehmung und falscher Bewertung durch ein befangenes Vorverständnis im Geheimdienst wächst. Die Gefahr des Subjektivismus und möglicherweise auch unlauterer Motive wächst auch, weil geheime Auskunftsgeber und »Beurteiler« nicht damit rechnen müssen, etwaige Fehlauskünfte und Meinungsbildungen würden (rechtzeitig) bekannt und der Kritik ausgesetzt.

Geheimdienstliche Ermittlungen gegen »Verdachtspersonen«, auch wenn sie das »ob« überhaupt erst prüfen und nachweisen müssen, bergen unvermeidlich die Gefahr einer Art strukturellen Mißtrauens und von sich selbst erfüllenden Vorurteilserwartungen. Das ist keinesfalls eine MfS-Spezifik – es ist auch aus der Praxis der westdeutschen Dienste bekanntgeworden. Diese Art von Gleichheit entlastet jedoch nicht. Sie legitimiert nicht den Satz, so machten es alle. Sondern sie führt erst recht zu der kritischen Frage, ob und gegebenenfalls in welchen Grenzen ein Dienst mit sozialistischem Anspruch den bürgerlichen Diensten »gleich« sein durfte. Auch darauf gibt es keine einfache Antwort, eine fundamentalistische wäre sicher falsch.

Wahrheit, Wahrhaftigkeit, Denunziation

In diesen Zusammenhang gehört die Erkundung nach der Wahrheit und »Ehrlichkeit« von Personenauskünften. Ich glaube, wenn man Kriterien zur Bewertung von Personenauskünften eines IM entwerfen will, gehörte dazu schon die Frage, ob ein IM erkennbar Wahrheiten oder Unwahrheiten berichtet hat (innerhalb eines vernünftigen Spielraums der eigenen subjektiven Wahrnehmungs- und Beurteilungsfähigkeit eines Informanten). Es macht ferner einen Unterschied, ob – egal, welches die Einschätzung der betreffenden Person ist, über die Auskunft erteilt wird – eine Information einen vielleicht eigensüchtigen oder einen borniert denunziatorischen

Charakter besitzt. Information und Denunziation sind wohl zwei verschiedene Dinge[96].

Ob eine Personenauskunft zur Aufklärung des Anfangsverdachtes einer strafbaren Handlung oder eines möglicherweise erwarteten »feindlichen« Geschehens nun wahr (vielleicht besser wegen der Subjektivität: wahrhaftig?) oder falsch, oberflächlich, entstellt oder denunziatorisch und eigensüchtig sei: sie ist, je nach den konkreten persönlichen Beziehungen, möglicherweise ein Vertrauensbruch. Das zu bestreiten wäre lächerlich. Ein Vertrauensbruch jedenfalls aus der Sicht des arglos Vertrauenden. Aber wie kann der Vertrauensbruch bewertet werden? Nur aus seiner Sicht? Genügt die Feststellung der Tatsache eines Vertrauensbruches zur Bewertung?

Vertrauensbruch oder das Problem einer Pflichtenkollision

Das Strafrecht der DDR und das der BRD bieten Anhaltspunkte dafür, wie wir uns diesem Problem rechtlich und analog moralisch annähern könnten. In beiden Strafgesetzen werden die Delikte der üblen Nachrede und Verleumdung strafbedroht[97]. In der DDR war, ebenso wie im BRD-Strafrecht, die Anzeige nicht vollendeter Verbrechen oder Vergehen gesetzliche, strafbewehrte Pflicht[98].

Beide Strafgesetze benennen die Ausschließungsgründe für strafrechtliche Anzeigepflicht und anerkennen damit die Möglichkeit bestimmter Pflichtenkollisionen. Für diese werden die Bedingungen von Straffreiheit bei Nichtanzeige geregelt.

Das wäre der Anhaltspunkt – auch für die erörterten Kriterien über IM: es gibt auch moralische Pflichtenkollisionen. Ein Anhaltspunkt für die Problemsicht – noch nicht die gefundene Regel. Denn dazu bedürfte es weiterer Kriterien. Ich würde unter dem Aspekt einer individuellen Pflichtenkollision (im Moment ohne das Ergebnis der Verifikation einer Information zu berücksichtigen) als ein Kriterium für die Verhältnismäßigkeit eines Vertrauensbruches ansehen, ob und wieweit der IM einen konspirativen oder einen tatsächlich gesetzwidrigen Zusammenhang aufzuklären hatte. Das beträfe z. B. die Aufklärung von Spionage gegen die DDR, terroristische Zusammenschlüsse und Pläne, und – mit Einschränkungen – auch politische Konspiration mit möglicherweise hochverräterischem Charakter. Denn zweifellos muss derjenige, der wirklich konspirativ politisch handelt und dabei positives Recht verletzt, in Kauf nehmen, dass die staatliche Abwehr in seine Konspiration mit den gleichen Mitteln eindringt. Völlig anders aber, wenn es sich nicht um Konspiration, sondern um einen offenen Vorgang handelt.

Meine Einschränkung

Ich habe eine Einschränkung zur moralischen und politischen Rechtfertigung des Eindringens in eine Konspiration angekündigt. Sie setzt wieder bei der Frage der Verhältnismäßigkeit der Mittel an. Denn das von der SED-Führung hauptsächlich (nicht allein) zu verantwortende Sicherheitsdenken und die MfS-Praxis kritisierend, muss zugegeben werden, dass es in der Definitionsmacht des Staates DDR und seiner Sicherheitsorgane lag, materielles Handeln politisch engstirnig, sektiererisch und nach subjektivistischem Ermessen extensiv als »feindlich« zu bewerten, sowie auch die Begriffe der »Konspiration« oder der »Gruppenbildung«[99] extensiv zu nutzen.

Konkret: Die Verfassung der DDR gebot Meinungsfreiheit. Freiheit des Denkens. Eigentlich eine Banalität. Aber Denken ist nicht zur Selbstbefriedigung in einem Monolog bestimmt. Es muss sich artikulieren, der gesellschaftlichen Prüfung und Praxis stellen. Wie, wenn es nun artikuliert wird – in einer Diskussions-«Gruppe» von mehr als zwei Personen? Wenn dort z. B. querdenkende Ansichten zur realitätsfremden Politik der SED-Führung artikuliert werden und man nicht davor »zurückschreckt«, persönliche Konsequenzen aus offenkundiger Politikunfähigkeit und Realitätsferne der sprachlosen und unwilligen Führung zu fordern? Oder wenn vielleicht in Privatwohnungen (»Gruppe«!) Ausstellungen von Kunstwerken veranstaltet werden, die nicht eben dem Musterbild sozialistischen Realismus entsprechen, sondern abstrakte Kunst sind – Penks Männchen vielleicht? Oder wenn man sich sehr kritisch über die in eine Katastrophe treibende Wirtschaftspolitik des Politbüros (Absinken der Akkumulationsrate – einfache Reproduktion nicht gesichert, ökologische Rücksichtslosigkeit etc.) verständigt und auf Abhilfe sinnt? Dann setzte möglicherweise – und vielfach eben auch tatsächlich – die extensive, nicht verhältnismäßige Bewertung ein: War das vertrauliche Gespräch mehrerer Personen mit einem »renitenten Inhalt« z. B. schon ein »konspiratives« und eine »staatsfeindliche Gruppenbildung« (§ 107 StGB DDR)? Oder war es, ebenso verwerflich, vielleicht schon, weil wieder mehrere Personen beteiligt, eine »öffentliche« Staatsverleumdung (§220)?

Und welches waren seinerzeit die Kriterien zur engen Bestimmung von Hochverrat und anderer Delikte gegen die »staatliche und öffentliche Ordnung«? Wie wurden sie im konkreten Fall gehandhabt? Hat, so wäre auch zu fragen, ein IM darauf gedrungen, Vorurteile zu korrigieren? (Übrigens sind ähnliche Erscheinungen in der Geschichte der BRD – namentlich bis Ende der 60er Jahre – nicht unbekannt. Man sage nicht, solches Probleme wären in der Gegenwart nicht mehr aktuell – gegen links zuvörderst.)

Die Geschichte der DDR weist verschiedene Perioden auf, in denen sich weite oder enge repressions-relevante Auslegungen ablösten oder in denen strafrechtlich ganz pragmatisch das Opportunitätsprinzip angewandt wurde. Jedoch und nicht zu vergessen: Repression ist nicht nur strafrechtliche Verfolgung – allein die Tatsache geheimdienstlicher Beobachtung von Prozessen, die ihrer Natur nach öffentlich sind oder sein müssten, ist Repression.

Was ist »Zufügung eines Schadens«?

Eine letzte Überlegung betrifft das häufig strapazierte Bild vom »Schaden zufügen«. Was ist Schaden zufügen?

Wie der Presse zu entnehmen war, erhielt eine Aufseherin des KZ Ravensbrück (in dem meine beiden IM einsaßen), die für ihre Verbrechen im KZ rechtskräftig zu einer Haftstrafe verurteilt worden war, 1994 dafür eine Haftentschädigung. Ganz zweifellos war ihr durch die Haftzeit ein »persönlicher Schaden« entstanden. Stefan Heym, Antifaschist, Sozialist und weltbekannter Schriftsteller, wurde vom MfS intensiv auch in seiner privaten Sphäre beobachtet, an freier Publikationen seiner Bücher in der DDR, sogar auch (unter dem Vorwand von Zollvergehen) in der BRD, gehindert oder behindert.

Zwei diametrale Fälle. Welches ist nun eine vorwerfbare »Zufügung von Schaden«?

Ist es drittens als Schadenszufügung durch einen IM zu rügen, wenn er mithalf, einen Spion des BND oder der CIA zu enttarnen – mit der Folge der Verhaftung des Spions? Denn zweifellos hatten der BND- oder CIA-Mann für die Dauer der Haft – vielleicht bis zu seinem Austausch gegen einen HV A-Spion – auch einen Schaden erlitten.

Die Allgemeinheit des Begriffs der Schadenszufügung ist untauglich, weil beliebig dehnbar.

Mir als früherem Bürger der DDR, die ich seit ihrem Gründungstag als meinen Staat sah, und Mitarbeiter des MfS ist peinlich und ich bedauere es sehr, dass in der DDR tatsächlich viele Menschen – auch durch das MfS – zu materiellem und ideellem Schaden dadurch gekommen sind, weil sie erweislich falsch beurteilt wurden, weil ihnen Feindlichkeit unterstellt wurde, obwohl sie doch – wie z. B. Robert Havemann in seinem eigenen Lernprozess nach der »Stalinismus«-Kritik des XX. Parteitages der KPdSU – danach strebten, den Sozialismus von den (auch verinnerlichten) Wirkungen des Stalinismus freizumachen, also Sozialismus und Demokratie in Rosa Luxemburgs Sinne zu vereinen.

Mir ist peinlich und ich bedauere es, das wir Menschen oftmals mit unverhältnismäßigen Mitteln, mit Misstrauensmaßnahmen bedrängt haben, obwohl sie, möglicherweise wegen Engagiertheit auch erregt, doch nur berechtigte Kritik an Missständen ausdrückten und auf Veränderung hofften und pochten. War es nicht unser Satz, dass es darauf ankomme, die Welt zu verändern?

Mir ist peinlich und ich bedauere es – auch wenn ich selbst an keinem Strafprozess beteiligt war –, dass in der DDR, die ich als die meine ansah, Menschen zwar für tatsächlich feindliche Handlungen nach Recht und Moral, aber ungerecht mit überhohen Strafmaßen verurteilt wurden. Die Liste der Peinlichkeiten lässt sich erweitern. Ich weiß, dass viele frühere Mitarbeiter – hauptamtliche und inoffizielle – des MfS, auch aus jenen Diensteinheiten, die Repressionsaufgaben erfüllten (das waren längst nicht alle), nicht nur Gleiches empfinden und sich in einem kritischen Lernprozess befinden. Andere werden gebremst, abgehalten, abgeschreckt – und kommen vielleicht auch mit sich selbst nicht ins Reine.

Ihnen und allen wäre geholfen, würde das Bemühen eines »beiderseitigen« Prozesses um die Bewertung von IM- und anderer MfS-Tätigkeit sein, ja überhaupt von Leben in der DDR sein:

• Geschichte annehmen, wie sie tatsächlich war, nämlich ganz, in allen ihren Ursprüngen, Bedingungen, Widersprüchen und Ergebnissen.

- Individuelles Handeln in dieser Geschichte zu sehen – mit Motiven, Absichten, Auswirkungen und tatsächlichen Wirkungen. Ganz und nicht mit selektiver Wahrnehmung.
- Keine Selbstgerechtigkeit – sondern jene Haltung kritischen und zugleich toleranten, einsichtsvollen Umgangs, die der großartige DEFA-Film »Einer trage des Anderen Last« gezeigt hat.

An meinesgleichen gerichtet möchte ich dazu ausdrücklich sagen: Tragen wir die Last derer, die von uns bedrängt waren und sich bedrängt fühlten – ohne doch tatsächlich unsere Feinde gewesen zu sein.

Veröffentlicht in: »Zwie-Gespräch«; Berlin, Nr. 27/1995
Nachdrucke:
»Der lange Weg vom Bekenntnis über Rechtfertigung bis zum kritischen Umgang [...]«; Dokumentation zur Basiskonferenz Geschichtsaufarbeitung am 25. Februar 1995; Hg. PDS-Stadtvorstand Leipzig, Leipzig 1996;
Dieter Mechtel, Ulrich Schröter, (Hg.): »Beiträge zum Umgang mit der Staatssicherheits-Vergangenheit«; Schriftenreihe »Gesellschaft – Geschichte – Gegenwart« Bd. 8; Berlin 1966, S. 94

»Es gibt kein fremdes Leid« oder Wie ich Christina Mattes Reportage verstehe

Neues Deutschland *vom 22. Januar 1996*

Von Menschen in der Gauck-Behörde, nicht vom Amt, handelt eine *ND*-Reportage mit der Christina Matte auf Widerspruch stieß[100]. Einige frühere Mitarbeiter des MfS äußern sich in Leserbriefen. Sensibel, gereizt, betroffen. Aber auf was eigentlich reagieren sie so sensibel? Und: Auf was reagieren sie nicht?

Christina Matte ruft zum Nachdenken, weshalb hunderttausende Menschen (aufgrund welch' subjektiver Erwartungen auch immer) bei der Gauck-Behörde Auskunft suchen, ob und was über sie in MfS-Akten steht. Sie ruft zur Nachdenklichkeit darüber, wie diese Menschen in Gaucks Lesesaal mit ihrem persönlichen Leid umgehen, wenn sie dort seine »Aktengestalt« kennenlernen. Reagieren die Leserbriefe darauf? Reagieren sie auf die tragischen menschlichen Schicksale, die mit dem MfS verknüpft sind?

Christina Mattes Reportage erinnerte mich an einen ergreifenden Film Konstantin Simonows. Simonows Filmtitel und Leitwort war: »Es gibt kein fremdes Leid«. Ein ergreifender humanistischer Gedanke. Damals wie heute glaube ich, er müsse jedem, der sich als Sozialist oder Kommunist fühlt, ein persönliches Leitwort sein. Er knüpft an Marx' Kategorischen Imperativ für Kommunisten, wonach alle Verhältnisse »zu zerbrechen (sind) in denen der Mensch ein erniedrigtes, ein geknechtetes, ein verlassenes, ein verächtliches Wesen ist«.

Christina Matte schreibt über »fremdes Leid«, über Konflikte und Tragödien von Menschen in der DDR. Und die dürfen doch gewiss ebenso betrachtet werden, wie neuerliche Konflikte und Tragödien von uns »Ehemaligen« in der neuen Bundesrepublik. Oder etwa nicht?

Die »Erniedrigung« umfasst mehr als etwa nur die Begehung solcher – auch in der DDR strafrechtlich verbotener – Handlungen, wie sie Johannes Nitzsche[101] aufzählt und über die Herr Gauck in der Tat eine Dokumentation schuldig bleibt. Ist das Eindringen in die Intimsphäre nicht erniedrigend? Oder die misstrauenserfüllte geheime, vom Betroffenen kaum korrigierbare Beurteilung von Menschen?

B. Henze[102] räumt »schlimmes Unrecht« ein und sieht »allen Grund« zur Entschuldigung. Wenn diese Entschuldigung kein »mea culpa, maxima culpa« sein soll (wie es z. T. erwartet wird), muss sie zeigen, was wir kritisch über uns gelernt haben. Freilich nicht nur in Floskeln, sondern mit aufrichtiger Beschreibung, mit Nachdenklichkeit und Anteilnahme, und konkret. Ist Henze deshalb nicht inkonsequent, wenn er kein Verständnis aufzubringen vermag, dass Betroffene – über deren Reflexionen Dr. Matte schreibt – als für sie »Wesentliches« nicht die ideologischen Begründungsformeln ansehen, sondern »Machterhalt, Angst und Anmaßung, Haß, Fanatismus, Menschenverachtung«. So ist's genau zitiert: »Machtrausch« ist eine verfälschende Akzentverschiebung! Das ist sicher nicht unser früheres Selbstbild, aber eben real ein Bild über uns. Ist es eigentlich so falsch? War denn »die Machtfrage« nicht der Kern unseres vorherrschenden Selbstverständnisses, mit der sogar Unverhältnismäßiges begründet wurde? Natürlich, Henze selbst benennt es genau: »[…]wenn wir auch subjektiven Vorstellungen von Sicherheit willkürlich und damit illegal Gesetzeskraft verliehen«. Deshalb: Ist »Anmaßung« wirklich eine falsche Beschreibung?

Vor allem frage ich mich, weshalb die gereizten Leserbriefe (Thomas Ammers[103] ausgenommen) nicht wenigstens auch auf die wunderschöne »phantastische Vision« der Autorin eingehen oder erkennen lassen, das sie von ihr berührt sind? Denn diese Vision ruft auf zur Befreiung aus einem sterilen Kreislauf:

»Alle Opfer hören auf, ihre traurige Rolle zu spielen. Die Kinder, die von ihren Eltern zu Gehorsam gepresst werden, statt zu Widerspruch erzogen; die Söhne, die man Stärke lehrt, die Mädchen, denen man erzählt, das größte Glück für sie sei die Ehe; all die kleinen Angestellten, die sich von Chefs herumschubsen lassen und wegen eines Monatslohns ihre Zunge herunterwürgen; die Verstoßenen, Aussortierten, die zugucken wenn sich andere die Taschen im KaDeWe füllen; die Mielkes und die Honeckers, die auf immer und ewig im Zuchthaus blieben; die Kinder mit den gedunsenen Bäuchen, denen die Welt nichts zu essen gibt; die Kriegsopfer, die sich zu Schmerzen krümmen, damit jemand am Waffengeschäft verdient. Ich sehe, wie sie den Mund aufreißen und endlich sagen: Mit uns nicht mehr. Die verbuckelten Rückgrate heilen, und mit dem Hass werden endlich auch die kleinen Morde begraben, die sie alle im Herzen planen. Es wäre das Ende des Verrats, wenn alle Opfer stark wären. Wenn sie wirklich alle die Wahl hätten [...]«

Nein, nicht darauf reagieren die Briefe. Nein, solche Sensibilität führte die Federn nicht. Worte und Zitierweise erweisen Reflexe, aber wenig Reflexion. Gereiztheit, weil die Reportage nicht eine über uns frühere MfS-Mitarbeiter ist, gerecht über unser »kompliziertes Motivationsgeflecht« (B. Henze) berichtend. (Weshalb berichten nur so wenige von uns selbst über diese Kompliziertheit und wie wir mit ihr umgingen, statt zu mäkeln, wenn andere Autoren dem nicht gerecht werden? Dr. Matte hätte Anlass solcher Leserbriefe sein sollen.) Gereiztheit auch, weil diesmal nur der »eine Sektor« betrachtet wird und nicht jener andere Sektor, der sich mit den in der Tat nicht feinen Aktionen von BND, CIA, der »Ostbüros« etc. gegen den Sozialismus-Versuch in der DDR befasst hatte. Aber dieser Versuch und die DDR sind nicht gescheitert, weil das MfS – durchaus erfolgreich – gegen Agenten und Saboteure gekämpft hat. Ich weiß aus Gesprächen, wie gern es manche von uns hätten, wenn doch nur über Spionage, Gegenspionage, Spionageabwehr des MfS gesprochen würde – und über nichts sonst. Das waren eben kaum bestreitbare legitime Funktionen des MfS. In allen Staaten wird solches verfolgt und selbst Spionage betrieben. Dieses aber erhitzt die Gemüter nicht; ausgenommen, soweit es allein um Spionage und Spionageabwehr der DDR geht, vielleicht einiger Bundesanwälte in Karlsruhe.

Aber dann gab es noch andere Funktionen, die des inneren Staatsschutzes – z. B. auch gegen das, was in den Strafgesetzbüchern aller Welt als »Hochverrat« bezeichnet wird. In positiver Formulierung kann man von »Verfassungsschutz« sprechen. Wie und mit welchem Endergebnis haben wir ihn wahrgenommen? Heiner Müller, der sensible und genaue Dialektiker, war einige Zeit Objekt misstrauischer, ja feindseliger Betrachtung – am Ende der DDR rang sich die Staatsführung den Nationalpreis für ihn ab. Stephan

Hermlin – auch er unter misstrauischer Betrachtung gewesen – sagte in seiner Trauerrede für den großen Dramatiker: »Der Staat, dem Müller nicht diente, der ihn aber auch aus diesem Grunde als eine ungewöhnliche Kraft zur Durchsetzung seiner ursprünglichen Ziele hätte behandeln müssen, hatte sich entschieden, ihn als Gegner zu sehen und ging auch daran zugrunde. Er hatte sich jahrzehntelang mit außerordentlicher Konsequenz als Freunde und als Feinde die Falschen ausgesucht.«[104] War es nicht so, dass auch das MfS Freunde, Genossen und loyale Menschen, potentielle Bündnispartner falsch beurteilt und stattdessen perfekte Opportunisten begünstigt hat? Auch in den eigenen Reihen? Darüber wird in Gaucks Lesesaal ebenfalls nachgedacht.

Die Akteneinsicht ist immerhin ein »Massenphänomen«. Es wird im *ND* völlig zu recht thematisiert, endlich. Ist es angemessen, dem mit leichten Worten zu entgegnen, die Autorin sei »blauäugig in den zur Demonstration freigegebenen Sektor hineinspaziert«, nicht aber auch in andere Sektoren? Dr. Mattes Thema ist doch nicht Herr Gauck, sondern sind die aktenlesenden Menschen! Herrn Gaucks Intentionen und die jener Aktenleser berühren sich, gewiss doch. Der eine nützt die Interessen der anderen für ein eigenes politisches Kalkül. Aber beide sind nicht gleich und nicht zum Verwechseln. Auch dies: Herr Gauck hätte wohl weniger Stoff für Demagogie und eifernde Intoleranz, gäbe es da nur viele Kilometer Akten über tatsächliche Spionagevorgänge, über die Verfolgung tatsächlicher Feinde des Sozialismus, auch zur Aufklärung von Naziverbrechen – und nicht auch über Menschen, die zu Feinden gemacht wurden, weil sie mit kritischen Gedanken ernst genommen hatten, was die Verfassung der DDR verkündete und die Losung plakatierte: »Arbeite mit, plane mit, regiere mit«. Und über Menschen, die sich durch kalte bürokratische Abfertigung menschlicher Begehren verletzt fühlten, oder denen Menschenrechte verweigert wurden. Oder deren Geldwert beim Verlassen der DDR verrechnet wurde – als ob, wie weiland beim fürstlich-feudalen Verkauf von Landeskindern an die Vereinigten Staaten, Menschen Staatseigentum gewesen seien.

Man mag bedauern, dass Dr. Matte in ihrer Reportage Kürzel aufgenommen hat, die mit ihrer bewussten Pauschalisierung zu demagogischen Zwecken die papierne Hinterlassenschaft des MfS bezeichnen: x Millionen Karteikarten, y Kilometer Akten. Deshalb ist angebracht, wenn Professor Opitz[105] mit einer Aufschlüsselung über die Bestandteile der »180 km Akten« (Filme und andere Datenträger mit einem Koeffizienten umgerechnet auf griffigere Längenmaße) aufklärt: eigene Personalakten des MfS, Akten zur Sicherheitsüberprüfung für Geheimnisträger, Akten über allgemeine Kriminalität, gesicherte Aktenbestände aus der Nazizeit sowie über die Verfolgung faschistischer Verbrechen in Deutschland und ganz Europa, Akten über Spione und über tatsächliche Feinde des Sozialismusversuchs in der DDR, Gerichtsakten – und Akten über Menschen, die solche Feinde nicht oder doch nicht notwendigerweise und ursprünglich waren. Also über Menschen denen keine wohlwollende Beurteilung wegen kritischer Begleitung dieses Versuches zuteil wurde, sondern denen Feindlichkeit unterstellt wurde.

Angebracht auch, hin und wieder daran zu erinnern, dass das sicher riesengroße MfS ein Konglomerat vieler Dienste mit entsprechend vielen Mitarbeitern war. Darunter aber eben auch Dienste und Mitarbeiter, denen wohl oder übel besondere Aufmerksamkeit gilt und die nicht erst das heutige Bild über das MfS dominieren. Auch wenn ich Einwände wegen der Inkonsequenz seines Leserbriefes vorgebracht habe, halte ich dennoch Henzes präzise Benennung des Subjektivismus der Sicherheitsvorstellungen und ihrer »illegalen Gesetzeskraft« für eine Kernfrage. Ich möchte gern seine Klage über die bei Dr. Matte nicht gegebene Darstellung unseres »komplizierten Motivationsgeflechtes« verwandeln in den Wunsch, viele Ehemalige mögen darüber offen und nachdenklich schreiben.

Als Aufklärer in der BRD

Gesprächseinleitung im Gesprächskreis »Funktionseliten der DDR«
in der Stiftung »Gesellschaftsanalyse und politische Bildung«,
4. September 1996

Den charmanten Überredungskünsten Dr. Irene Runges folgend, versuche ich diese Einleitung. Ihre Idee war, es müsse doch interessant sein, wie ein Aufklärer der DDR, der über Jahrzehnte zwischen der DDR und der BRD reisend hin und her pendelte, die DDR von außen erfahren habe. Und wie er umgekehrt die BRD wahrgenommen habe. Das ausgedruckte Thema: »Sicherheitspolitik eine Lebensweise?« finde ich allerdings unglücklich formuliert. Außerdem kann ich mich aus direktem persönlichem Mitwirken natürlich nur zu einem Teil der Sicherheitspolitik äußern.

Die Idee Irene Runges ist in der Tat reizvoll. Ich muss aber bitten, das, was ich zu sagen habe, zunächst nur als Sammlung von Impressionen zu nehmen. Es ist sozusagen eine Fallstudie, zudem sehr subjektiv. Daher ist Vorsicht mit Verallgemeinerungen angeraten. Interessant wäre sicherlich von den Erfahrungen unserer DDR-Diplomaten zu hören, die sich z.T. in ähnlichen Situationen der wechselseitigen Eindrücke und Erfahrungen bewegen mussten.

Zum Verständnis erst etwas über meinen Status in der HVA. Ich war hauptamtlicher Mittarbeiter, Aber nicht »im Apparat« der »Zentrale«, sondern ein »Einzelkämpfer«.

Ich begann diese Arbeit 1964. Zuvor war ich in »legalen« Funktionen in der DDR tätig, hauptsächlich im Hochschulwesen. Das Datum ist für die Charakteristik der Zeit, des konkreten Handlungsrahmens wichtig. Es war jene Zeit, als Karl Jaspers gegen die Restauration fragte: »Wohin treibt die Bundesrepublik?« und die Außerparlamentarische Opposition entstand, die 68er Bewegung. Die BRD-Notstandsgesetze wurden installiert. Der Vietnamkrieg tobte. Der Schah saß noch auf seinem Thron. Im Westen gewann der Maoismus eine gewisse Faszination. Che wurde zum Leitbild und Rosa Luxemburg wieder entdeckt. Die Losung »Enteignet

Springer« erschreckte die Bourgeoisie. Die DDR war durch die noch wirksame Hallstein-Doktrin international weitgehend unter Quarantäne gestellt.

In der DDR gab es einen Reformversuch, das NÖSPL. Bald darauf gab es den Prager Frühling und sein Ende. Dann begann die »neue Ostpolitik« Brandts, Bahrs und Scheels.

Meine Aufgaben in der BRD brachten mit sich, dass mein Leben in der DDR, wo ich mit meiner Familie wohnte, konspirativ versteckt werden musste. Deshalb hatte ich meine vormaligen und äußerst reichhaltigen sozialen Beziehungen abbrechen müssen. Für meine früheren Genossen, Freunde und Arbeitskollegen war ich gleichsam im Nebel verschwunden. Ihnen wäre schwerlich auf Dauer meine Legende glaubhaft zu machen gewesen. Meine Frau war meine hauptsächliche »Nabelschnur« zum normalen Leben. Diese Isolierung in der DDR war mein schwierigstes Lebensproblem. Ich versuchte entgegenzuwirken und – meine tatsächliche Tätigkeit immer unter Legenden versteckend – neue soziale Kontakte aufzubauen und mit dem normalen Alltag der normalen DDR-Bürger durch eigene soziale Erfahrung verbunden zu sein. Dieses Streben gegen die Isolierung und nach Basis-Kontakt war zu einer Begierde geworden. Sie hat mich, nebenher bemerkt, stets gegen die verlogene Schönfärberei aufgebracht. So ist die Groteske entstanden, das ich in der DDR zwar halb in der Konspiration lebte, vielleicht dennoch mit der Normalität des Alltags mehr verbunden war, als manche meiner Kollegen aus dem Apparat. Die alten sozialen Beziehungen konnte ich erst nach dem Ende der DDR wieder restaurieren, was interessanterweise trotz vergangener 25 Jahre problemlos gelang: eine interessante Aussage über meine politische Generation; keiner von uns hat seine sozialistischen Ideale preisgegeben.

Erste operative Aufgaben

In den 60er Jahren suchte und fand ich an Universitäten Studenten, die nach Fach, Leistungsniveau und anderen Eigenschaften geeignet schienen, später eine besonders gute Karriere machen zu können. Die Idee war, sie entweder auf unserer Überzeugungsbasis oder unter fremder Flagge als »Perspektiv-IM«, als spätere Aufklärer zu gewinnen. Das gelang auch. Meine »operativen Partner«, wie ich sie nennen will, erreichten hohe Funktionen in der bundesdeutschen Ministerialbürokratie. Was ich über sie hier sage, ist genau abgewogen und ich würde darüber noch nicht einmal sehr allgemein reden, wenn das Probleme für sie schaffen würde. Die Dinge sind ausgestanden, leider. Was rechtskräftig gerichtsnotorisch ist, kann ich hier verwenden. Sowohl Suche und Werbung, erst recht die Führung der dann gewonnenen Partner erforderten aus inhaltlichen, aber auch aus Gründen der Sicherheit ihrer Existenz und der operativen Beziehungen selbst, von mir, mit den »Regimeverhältnissen«, wie wir sagten, gut vertraut zu sein. Ich musste mich glaubhaft wie ein Bundesbürger bewegen können.

Ich hatte also buchstäblich eine Doppelexistenz zu leben. Einmal im mehr technischen Sinn, im Westen also mit falscher Identität, falschen Papieren usw. Wichtiger aber: Alles, buchstäblich alles, was für die Beziehungen zu meinen Partnern von einigermaßen Belang war, musste ich nicht nur mit meinem eigenen Kopf bedenken, sondern hineinversetzt immer auch mit den in ihrer Denkweise sogar sehr verschiedenen Köpfen der Partner.

Z. B. musste ich einem meiner Partner gegenüber dauerhaft als jemand glaubhaft sein, der den Kreisen der »höheren« Bourgeoisie zugehörig sei. Eine BRD-Zeitung fasste das in die Formel, mein Partner sei überzeugt gewesen, es mit einem Mann aus der Umgebung Wolfs zu tun gehabt zu haben, nur dass es eben nicht der Präsident des DIHT Wolff von Amerongen, sondern Markus Wolf gewesen sei.

Oder, bei einem anderen Partner: ARD sendete Jean-Paul Sartres »Schmutzige Hände«. Das war für mich interessant, weil moralische Fragen unserer Arbeit berührt wurden. Auch mein Freund K. würde den Film ansehen und gewiss mit mir diskutieren wollen. Also hatte ich zu überlegen, wie er ihn mutmaßlich aufnehmen, welche Fragen er haben und welche Streitpunkte es geben würde. Beim nächsten Treff – das war noch in der Werbephase – war Sartre der Hauptpunkt – ja, so waren unsere Werbungen! – und ich war glücklich, dass ich die Ansichten meines Freundes genau vorausgesehen hatte. Ein anderes Mal wollte er wissen: »Wer war Radek?« – und dazu hatte er sich durch 1.600 Seiten Lektüre vorbereitet.

Später ist das Denken mit dem Kopf des Partners wechselseitig gewesen. Dieser Umstand hat erheblich dazu beigetragen, dass –

wie der Münchener Polizeipsychologe Georg Sieber anlässlich Günter Guillaumes sagte – sich die Qualität der in bundesdeutschen Positionen befindlichen DDR-Aufklärer »aufschaukelte« und damit ihre »Karriere« begünstigte.

Über die Wahrnehmung der BRD-Wirklichkeit

Jetzt etwas darüber, wie ich – immer diese Aufgaben im Hinterkopf – die BRD als DDR-Bürger wahrgenommen habe. Selbstverständlich zuerst die Attraktion ihrer Oberfläche. Obwohl sie mich nicht überraschte, war die unmittelbare Wahrnehmung des äußeren Bildes – mit der Warenfülle, der äußeren Modernität und Rationalität, besonders auch die Sauberkeit und die architektonischen Vielfalt – schon beeindruckend. Dass ich es nicht 1:1 für das Wesen der Gesellschaft nahm, schuf Distanz.

Ich hatte zuvor im Hochschulwesen der DDR gearbeitet. Deshalb war ich besonders von dem enormen Ausmaß beeindruckt, wie die bundesdeutschen Universitäten mit modernen, großen, zumeist auch architektonisch ansprechenden Institutsneubauten versehen waren, während bei uns in der DDR die Naturwissenschaftler in oft uralten Gemäuern mit einer kargen materiell-technischen Ausstattung forschen und lehren mussten. Trotzdem zu Teilen ein Oberflächenbild. Es zeigte z. B. nicht, dass das alte bürgerliche Bildungsprivileg in der BRD damals noch weitgehend bewahrt war. Es zeigte nicht den »Bildungsnotstand«. Es zeigte nicht, dass die Studenten jobben mussten, um studieren zu können. Und es zeigte auch nicht, wie sich im Schoße der Universitäten eine bedeutende politische und soziale Protestbewegung vorbereitete und entfaltete.

Dies pars pro toto: die BRD erschloss sich nicht aus der Besucherperspektive, sondern besser aus qualifizierten Gesprächen und eher aus ihren Medien. Die musste man nur genau, vergleichend und kritisch lesen.

Selbst der Wahrheitsgehalt der *FAZ* ist größer, als der Oberflächeneindruck eines Spaziergangs durch Frankfurts Bankenviertel und das damals umstrittene Westend. Der wiederaufgebaute Römerberg ist schön, wunderschön. Aber war er nicht auch eine Dekoration zum Wohlbefinden, zum Ansehen und der Machtrepräsentanz der Frankfurter Bankenwelt? Gewiss nicht allein, ich will nur auf verschiedene Bedeutungs- und Wahrnehmungsschichten hinweisen. Diese Schichten musste ich mir erschließen. Das war insoweit einfach, als in seinem Grundraster unser marxistisches Kapitalismusbild richtig und realistisch stilisiert war. Indessen aber eine Stilisierung, die der Konkretisierung bedurfte.

Das Oberflächenbild, um das einzufügen, musste freilich von nicht zu unterschätzender Wirkung auf jene sein, die es wahrnahmen, ohne über Zusammenhänge nachzudenken, ohne Hintergründe und Hinterhöfe zu suchen. Die »Touristen-Perspektive« war wohl meist die der Reisenden aus der DDR, die als Rentner oder sonstwie begründet reisen konnten, immerhin jährlich in Millionenzahl (wie heute fast vergessen ist).

Ich möchte nicht missverstanden werden: auch die Touristen-Perspektive gibt Erkenntnisse und – zumindest – Anstöße für das Weiterdenken. Das erlebte ich bei mehreren Reisen in den Mittleren Osten. Ich bildete mir nicht ein, die Reise-Impressionen hätten mir schon wirkliches Verständnis für den Orient, für den Islam, für die spezifischen Konflikte dieses Raumes gegeben. Der nachhaltige subjektive Gewinn war die »anfassbare« Erfahrung, weder die DDR oder die idealisierte Sowjetunion, noch unsere europäische Lebensweise konnten ein Maß des Urteils oder von Ratschlägen sein. Und wie eng die Vorstellung, unser Sozialismus-«Modell« könnte ein universal gültiges sein.

Zu den unverzeihlichen großen politischen Dummheiten des DDR-Propagandabildes von der BRD gehörte, dass die westfernsehenden oder reisenden DDR-Bürger zwar bis zum Überdruß mit – in ihren Wesensaussagen eher richtigen – Sätzen über den Kapitalismus gefüttert wurden, aber sich überlassen blieben, wenn sie den berückenden Glanz der Oberfläche wahrnahmen. Denn die spannende Dialektik war in der DDR-Propaganda kein Thema. Die Dialektik hatte sich schon bei den relativ einfachen Dingen verflüchtigt. Erst recht, falls kompliziertere Fragen zu betrachten waren. Z. B. die von uns unterschätzte Anpassungsfähigkeit des Kapitalismus, die hoch differenzierte innere Widersprüchlichkeit der gesellschaftlichen Verhältnisse und der agierenden Kräfte in der BRD, die Mehrwertigkeit z.B. der parlamentarischen Institutionen, der Rechtsstaatlichkeit und Gewaltenteilung, der Parteien, der Bürgerbewegungen u. a. m.

Dies hing natürlich sehr eng mit den Vulgarisierungen unserer Selbstbetrachtung zusammen: In der DDR eitel Harmonie, aber im

Sozialismus keine eigenen Widersprüche, schon gar keine antagonistischen. Keine Konflikte, keine Gruppeninteressen usw. Effiziente, erlebte lebendige Demokratie als Prozedur realer Mitwirkung des Volkes bei Entscheidungsvorbereitung und -findung war kleingeschrieben.

Die eben genannten Überlegungen drängten sich wohl jedem DDR-Aufklärer auf, der in der BRD unterwegs war. Zwar war das nicht der eigentliche Inhalt der Aufklärerarbeit, die sich ja auf konkrete politische, ökonomische, militärische u.a. Bereiche der BRD richtete. Aber die eigene Reflexion über solche Zusammenhänge war dennoch ein Aufklärerthema. Denn sie wurden bei Überzeugungswerbungen auf unserer politischen Basis von den Partnern thematisiert.

Die Partner verlangten befriedigende Antworten. Und die waren in der Tat oft nur bei Abweichen von der offiziellen Linie vernünftig zu geben. Mit anderen Worten: dieses Problem schuf eine bestimmte Spannung zwischen der eigenen Erkenntnis und der offiziellen Linie, damit von selbst eine kritische Einstellung gegenüber bestimmten Momenten der Politik der Partei. Wie weit solche kritischen Erkenntnisse vom Punkt ins Allgemeine gehoben wurden, ist eine andere und unangenehme Frage.

Ich gebe dazu gleich ein Beispiel, will aber zuvor vermerken, dass das Nachdenken über das reale Funktionieren der westdeutschen Gesellschaft und ihrer inneren Mechanismen auch erforderlich war, wenn wir fiktiv – in Gestalt einer »fremden Flagge« – als Vertreter irgendeiner westlichen Institution auftraten. Wehe, wenn wir unser DDR-Propagandabild unkritisch geprüft als Grundlage unserer Mimikry genommen hätten.

Jetzt das angekündigte Beispiel:

Ein potenzieller Partner sei ein BRD-Bürger, der in einer demokratischen Bürgerbewegung für eine öffentliche gesellschaftliche Kontrolle der technischen Sicherheit eines Kernkraftwerkes (KKW) in der Nähe einer bundesdeutschen Großstadt aktiv ist. Nach den Havarien von KKW in den USA und in der Sowjetunion bekam diese Bürgerbewegung bekanntlich einen starken Zulauf und Aufschwung. Das Interesse des potentiellen Partners war darauf gerichtet, wie die gesellschaftliche Kontrolle der Kernkraft in der DDR gestaltet ist. Für ihn, für seine Identifizierung mit dem Sozialismus war solche Frage von hohem Rang. Wie, so mochte er z. B. wissen, wird in Greifswald von der örtlichen Volksvertretung die analoge Kontrolle über das dortige KKW ausgeübt? Wie, eine weitere Frage, ist die Bevölkerung über das unvermeidliche Gefahrenpotential aufgeklärt? Und wie ist sie auf eine richtiges Verhalten im eventuellen Katastrophenfall vorbereitet? Ein solcher BRD-Bürger durfte in der DDR eine strenge staatliche Kontrolle vermuten. Aber eine gesellschaftliche demokratische Kontrolle? Und ob die örtliche Volksvertretung eine effektive Kontrolle ausüben konnte, ob eine prophylaktische Vorbereitung der Bevölkerung auf einen Störfall auch nach Tschernobyl vorgesehen ist? Fragen, die ehrlicherweise verneint werden mussten. Wir lobten offiziell die bundesdeutschen Bürgerbewegungen, aber ein DDR-Bürger mit dem demokratischen Impetus unseres beispielhaften Bundesbürgers wäre schnell Gegenstand der MfS-Abwehr geworden. Der demokratische Standard in der DDR war also geringer, obwohl – bei gesellschaftlichem, jedenfalls nicht-kapitalistischem Eigentum an Produktionsmitteln – die Mitwirkung der Gesellschaft und der Bürger als Individuen doch um so leichter hätte sein sollen, geradezu systemimmanent.

Damit bin ich unversehens beim ganzen Ernst der Sache angelangt: bei unseren eigentlichen Aufklärungsinhalten.

Das bisher über jeweils individuelle Erkenntnisse Gesagte verblieb natürlich nicht im Individuellen. Vermittelt durch Berichte, Gespräche, Arbeitserfolge und -misserfolge nahmen sie Eingang in – ja, so muss man nach dem Untergang der DDR fragen – in was denn? Natürlich wenigstens und zuerst in Köpfe, in die der Mitarbeiter der HV A, in die Köpfe der Kollegen, der Auswerter, der Chefs. Es wurde und wird bis heute oft über gewisse Verschiedenheiten im MfS gestritten. Die gab es gewiss. Sie hatten allerlei Gründe und Bedingungen. Die unter dem Zwang guter Arbeit im Operationsgebiet methodologisch und inhaltlich gesammelten Erfahrungen und Erkenntnisse setzten bestimmte Prägungen – für den Stil ebenso, wie für das politische Denken überhaupt, vielleicht auch etwas für das theoretische Denken.

»Wie gewinnen wir ihn?« statt »Wer ist wer?«

Ich möchte ein Moment nennen, welches m.E. besonders stilbildend war. Um Mitstreiter im Operationsgebiet zu gewinnen, konnte unserer Ansatz beim Kennenlernen eines interessanten

Menschen nur sein: »Wie gewinnen wir ihn?«. Sei es auf einer prinzipiellen Überzeugungsgrundlage, sei es durch eine partielle Bündnisbeziehung, sei es durch eine zwar fiktive, aber dennoch ideelle Übereinstimmung mit einer von uns benutzten fremden Flagge. Es ist eine offene Haltung. Sie ist das Gegenteil einer Misstrauenshaltung. Die aber – wie grotesk! – grassierte im Inneren der DDR immer mehr und mehr. Obwohl hier, wo wir die Macht besaßen, doch die Offenheit, die Werbungs-, Überzeugungs- und Bündnishaltung nicht nur adäquater, sondern auch unendlich leichter gewesen wäre, als im »fremden« Terrain. Das innere Sicherheitsverständnis war stattdessen durch die misstrauensgetönte Frage »Wer ist wer?« und durch ideologisch verzerrte Beurteilungsraster bestimmt.

Hermann Kant ist vielgescholten. Um so lieber zitiere ich sehr gern seine fast klassische Auseinandersetzung mit dem Misstrauen in der »Aula«: Die Freunde aus dem Zimmer Roter Oktober erfahren beim Gespräch mit dem Spanienkämpfer und SED-Kreissekretär Haiduck über das Mißtrauen des doktrinären ABF-Parteisekretärs Angelhoff gegen »Quasis« TBC-Arzt Gropjuhn: »Misstrauen ist Munitionsvergeudung«.

Natürlich war dieser Stil der HV A nicht eine bloß methodologische Sache, sondern ein politisches Konzept. In ihm drückten und reproduzierten sich marxistische und, ich scheue mich nicht, das zu sagen, im besten Sinne des Wortes leninistische Positionen aus – gegen den politischen und theoretischen Vulgär-Marxismus und Vulgär-Leninismus, z. B. von der »gesetzmäßigen Verschärfung des Klassenkampfes beim Aufbau des Sozialismus«.

Sie werden jetzt fragen, ob das denn alles gewesen sei, denn was nützte solches internes Denken, wenn es doch um die Folgen für die Staatspolitik ging.

Um ein realisches und wahrhaftiges Bild vom Gegner

»Heißen Krieg mit verhindert, im Kalten Krieg besiegt« – unter dieser wohl zutreffenden Überschrift brachte das *ND* vor ein paar Wochen ein längeres Hintergrundgespräch mit dem letzten HV A-Chef Werner Großmann und einem unserer früheren Aufklärer, Klaus von Raussendorff[106]. Ihm folgte ein eindrucksvolles Interview mit Rainer Rupp (»Topas«), der im Gefängnis sitzt[107]. Am Beispiel der NATO-Aufklärung wird ein Moment jenes wechselseitigen Prozesses beschrieben, nachdem Irene Runge fragt. Nämlich die Gewinnung eines realistischen Bildes.

Ich möchte das aus der eigenen Praxis der Aufklärungsarbeit an zwei Themen illustrieren.

Ein wesentliches Moment der Sicherheitspolitik der SED und des MfS wird durch den Begriff, durch die theoretische Vorstellung von »Politisch-ideologischer Diversion« (PID) bezeichnet[108]. Sie ist zweifellos ein ideologisches Konstrukt. Dieses hatte im ersten Zugriff während der Systemauseinandersetzung eine gewisse Plausibilität. Etwa, wenn man an die psychologische Kriegführung denkt oder an die Konzeptionen des bundesdeutschen Diplomaten Alard von Schaak[109] – »Der geistige Kampf in der Koexistenz« – oder des Politologen und späteren Sicherheitsberaters von US-Präsident James Carter, Zbigniew Brzezinski – »Alternative zur Teilung«[110]. Auch ich war anfangs von dieser Plausibilität beeindruckt. Da ich mit dem Aufklärungsfeld »Bonner Deutschlandpolitik« zu tun hatte, war ich auf der Suche nach Beweisen, insbesondere für die nach dieser Theorie behauptete zentrale Steuerung der PID gegen die DDR. Wir suchten ihren masterplan.

Im Verlauf der Zeit wurde mir aber klar, dass die gesuchte zentrale Steuerung eine Projektion des eigenen Zentralismus auf die BRD war. Glossierend ließe sich gleichsam sagen, dass eine Art Politbüro des deutschen Imperialismus gesucht wurde, ein »Rat der Götter«. Es war aber nicht zu finden[111]. Das »innerdeutsche Ministerium« (BMB) war gewiss keine politische Jungfernanstalt, aber für die Deutschlandpolitik keine solche omnipotente Zentrale. Im Gegenteil. Durch »unseren Mann« vor Ort konnten wir frühzeitig entdecken, dass sich im BMB – seit Wehners Ministerzeit – eine Gruppierung gebildet hatte, die sich gegen die tradierte FDP/CDU-Mannschaft abgrenzte und gegen den Widerstand der CDU/CSU und Teilen der FDP tatkräftig für eine realistische DDR-Politik, und zwar auf der Grundlage mit der DDR ausgehandelter Verträge, wirkte. Nicht aus Freundschaft für den Sozialismusversuch der DDR, aber im Interesse von Entspannung, Frieden, gegenseitig vorteilhafter Beziehungen.

Die von uns erarbeiteten Informationen und Analysen zeigten, das das PID-Konstrukt nicht nur hinsichtlich der vermuteten Zentrale(n) falsch war. Es musste auch zu politisch gefährlichen Folgerungen führen. Denn die Vorstellung einer »Zentrale« und eines masterplans ließ nämlich den wirklichen Mechanismus des Entstehens, der Reproduktion und nicht zuletzt der Resonanz von DDR- bzw. Sozialismus-feindlichen Vorstellungen übersehen. Die Tatsache nämlich, dass diese Feindlichkeit wesentlich spontan verlief und sich relativ selbständig reproduzierte[112].

Und zwar nicht nur auf den eigentlichen bourgeoisen Klasseninteressen basierend, sondern auf einem relativ breiten ideologischen Bewertungs- und Ablehnungsmuster. Dieses Muster nährte sich leider auch aus manchen negativen Momenten des realen Sozialismusversuchs (insbesondere »Stalinismus«-Komplex, extreme Zentralisierung, politisches Demokratiedefizit, fehlende Gewaltenteilung, im Zweifelsfall brüchige Rechtsbindung, restriktive Kulturpolitik u. a.). Und natürlich aus den objektiven historischen Bedingungen, insbesondere des ungünstigen ökonomischen Kräfteverhältnisses. Der tatsächlichen Feindlichkeit gegen die DDR und unseren Sozialismusversuch konnte dann doch nicht offensiv und wirksam begegnet werden, in dem wir gleichsam unsere eigene innere zentralistisch-administrative Praxis nach außen wendeten. Erforderlich war wirklicher »geistiger Kampf«: mit Argumenten – und mit Psychologie.

Unser Konstrukt PID war notwendig sektiererisch, weil es den normalen wissenschaftlichen bzw. philosophischen Diskurs, die normalen ideologisch-politischen, sowie theoretischen Auseinandersetzungen mit »bürgerlichem« Denken nicht streng unterschied von den tatsächlichen Inhalten und Formen der psychologischen Kriegführung. Alles »nichtproletarische« bzw. nicht sozialistische Denken[113], alles neuzeitliche bürgerliche Denken bekam schnell den Stempel »feindlich« und wurde als Angriff verstanden. Dass ließ auch übersehen, oder erklärte nicht oder allenfalls deskriptiv, das es innerhalb der Herrschenden in der BRD – aus vielerlei innen- und außenpolitischen und ökonomischen Interessengründen – eine stark fortschreitende Differenzierung der Einstellung zur DDR gab. Und dass sie alle Parteien erfasst hatte, besonders die SPD und die unter dem Druck ihres »Freiburger Flügels« stehende FDP, ja sogar Teile der CDU (von Weizsäcker). Ich möchte hier einfügen, dass z. B. das geistige und politische Phänomen Günter Gaus mit der PID- Theorie nicht erklärbar war. An ihm entlarvte sich die Hilflosigkeit unserer Konstrukte.

Es bedurfte eines komplizierten Lernprozesses, um zu begreifen, dass die »neue Ostpolitik« der sozialliberalen Koalition nicht einfach eine elegantere, modernisierte Fortsetzung der alten Ostpolitik Erhards und Schröders war, sondern völlig neue Elemente aufwies.

Das PID-Konzept war gefährlich durch seine politische Selbsttäuschung über die DDR-internen Ursachen von Schwierigkeiten und Konflikten. Anstatt – wie z. B. von Jürgen Kuczynski immer wieder in die Diskussion gebracht und von Werner Lamberz vorsichtig aufgegriffen worden war – die »eigenen« inneren dialektischen Widersprüche der gesellschaftlichen Entwicklung zu sehen, zu benennen und zu analysieren, wurden sie verdrängt. Damit aber mehrten sich die Schwierigkeiten, die sich auch im Verhalten der DDR-Bürger ausdrückten, darunter in solchem, welches vom MfS unscharf und subjektivistisch gern als »feindlich-negativ« gewertet wurde. Solche Schwierigkeiten wurden der feindlichen Einwirkung »von außen« zugeschrieben. Statt innere Widersprüche auszutragen und Ursachen zu beseitigen, wurden sie als importiert betrachtet, womit das Stigma der »Feindlichkeit« (»politisch-negativ«) ermöglicht wurde.

Einfaches Beispiel: Die Republikflucht qualifizierter Arbeitskräfte wurde fast ausschließlich und vulgarisierend der »Abwerbung« zugeschrieben, und nicht oder kaum als Folge innerer, selbstgemachter Probleme begriffen. Über dieses erstrangige politische Problem gab es (ausgenommen kurze Zeit nach dem 13. August 1961) keinen Diskurs, noch nicht einmal auf ZK-Tagungen. Den tatsächlichen Feinden des Sozialismusversuchs konnte das nur willkommen sein.

Bahrs »Wandel« als Risiko
Bahrs »Annäherung« als Chance der DDR

Otto Winzer charakterisierte – in dieser Denkrichtung – Egon Bahrs Konzeption »Wandel durch Annäherung« als »Konterrevolution auf Filzlatschen«. Damit nahm er allerdings nur ein Element dieses Konzepts auf.

Das zweite Element, welches – unter dem Druck des atomaren Kräftegleichgewichts und der gebotenen internationalen Entspannung – Bahrs Konzept prägte, war Realismus mit der Einsicht, dass »Wandel« eben nur mittels Entspannung erreichbar sei. Also nicht mehr mit einer »Politik der Stärke« – militärischer Stärke und »Befreiungsziel«. Ich wage zu behaupten, dass noch nach Erfurt und Kassel[114] dieses zweite Element übersehen oder unterschätzt wurde. Das gilt vor allem anderen für das Primat der Friedenserhaltung, für die Abkehr von der harschen Konfrontation und der inhumanen Mobilisierungslosung-Losung »Lieber tot als rot«. In der Tat führten diese neuen Elemente schließlich zu friedenspolitischer Kooperation, zu Entspannung, Anerkennung der Grenzen, die als Ergebnis des II. Weltkrieges entstanden waren, zu Ausgleich und in Richtung auf gute Nachbarschaft, zur KSZE, zum Konzept der »Sicherheitspartnerschaft«.

Welchen Inhalt auch immer die bundesdeutschen Planer dem strategischen Ziel des »Wandels« ursprünglich gaben, wie auch immer sie dieses Ziel angesichts unabsehbarer Dauer der deutschen Zweistaatlichkeit dann modifizierten, allein um des Friedens willen musste die »Annäherung« ein striktes Gebot sein – und von unserer Seite deshalb als ein Fortschritt verstanden werden. Denn das Friedensziel war unser oberster Wert.

War nun ein perspektivischer (!) »Wandel« im Sinne einer Abkehr vom Sozialismus (so, wie wir ihn offiziell oder subjektiv in anderer Nuancierung verstanden) unser Risiko, so war »Annäherung« wohl eine Chance für uns.

Chance freilich – die ökonomischen Kräfteverhältnisse hier einmal außer Betracht lassend – nur unter der Bedingung, die DDR (und die SED) hätten sich anpassungs- und reformfähig gezeigt.

Ich glaube, dass die Beschäftigung mit den Interna der Bonner Politik, in ihrer von öffentlichen Sprachregelungen befreiten und unverzerrten Gestalt, beigetragen hat, die Interessen und die Strategie der »anderen Seite« richtiger zu erkennen und zu bewerten, ein realistisches, ideologisch weniger vorurteilsbelastetes Bild als Grundlage für eigene realistische Politik zu gewinnen. Das schloß eine genauere Beurteilung des Kräfteverhältnisses zwischen Protagonisten und Gegnern der neuen Ostpolitik ein, auch des Grades der Entschlossenheit und der Kompromissspielräume.

Dies zu erkennen, zu belegen, zu verdeutlichen war ein Aspekt meines geheimdienstlichen Lebens – und mein individuelles Selbstverständnis. Auch heute, angesichts des verlorenen Kalten Krieges, sage ich nicht, es sei unproduktiv oder nicht »nützlich« gewesen. Meine wechselseitige Sicht auf das Geschehen ist wohl nicht unter dem Gesichtspunkt etwaig aufkommenden Oppositionsdenkens zu prüfen. Das lag und liegt mir fern. Vermerken muss ich aber meine Entdeckung, dass auf beiden Seiten in der politischen Meinungsbildung der Staatsspitzen Zufälligkeiten, persönliche Eigenheiten, Subjektivismus und ausgesprochen irrationale Momente einen bemerkenswerten Einfluss hatten. Neben dem Gehemmtsein, sich in die Interessenlage des Gegenüber ohne Vor-Urteil hineinzuversetzen.

Es war ein Lernprozess – mein individueller und zugleich Teil eines kollektiven, an dem meine operativen Partner und ich anregenden Anteil hatten. Dieses Lernen führte – für mich – sowohl zur selbstkritischen Betrachtung unserer Verhältnisse, als auch und zugleich (!) zu einer verstärkten Identifizierung mit der DDR.

Denn die intimere Beschäftigung mit Teilbereichen altbundesdeutscher Verhältnisse und Politik ergab, dass die BRD und der Kapitalismus mir keine wünschbare Alternative zur DDR waren. Sie konnten nur das Streben stimulieren, die DDR zu verändern, den realen Sozialismus zu verbessern.

Ich vermeide den Begriff »reformieren«, weil er zwar das Gewollte trifft, aber (zumindest bis Andropow und Gorbatschow) kein Begriff der Selbstverständigung war.

Ich nenne aus meiner operativen Arbeit einige beispielhafte Punkte für diese Gedankengänge.

Ursprünglich war eigentlich vorgesehen, dass ich einen alten Genossen ablösen und die Führung einer langjährigen Spitzenquelle in der Bonner Deutschlandpolitik übernehmen sollte. Ein erster Kontakt hatte stattgefunden. Auf Weisung Markus Wolfs wurde dann aber von uns die Zusammenarbeit eingestellt. Funde in polnischen Archiven hatten ergeben, dass der Betreffende in der faschistischen Okkupationsverwaltung in Krakow tätig gewesen und mitverantwortlich war für die Organisierung des Massenmordes an 40.000 polnischen Kindern, Frauen und alten Menschen. Immerhin, dieser Mann war eine sogenannte »Spitzenquelle«! Einerseits, ursprünglich, nach dem Krieg, war wohl Rückversicherung sein Motiv gewesen, den Kontakt mit uns zu suchen. Andererseits war in der Zeit des Kalten Krieges ein Mann mit dieser Vergangenheit (die in Globke-Kreisen bekannt war!) dafür legitimiert, als zweithöchster Beamter in dem mit der Politik gegen die DDR befassten Apparat der Bundesregierung Dienst zu tun.

Ich nenne ein zweites Beispiel. Bekanntlich begann in der Zeit der Carter-Administration der USA ein Nachdenken, wie die USA ihre außenpolitische Unterstützung des Apartheid-Regimes in Südafrika modifizieren könnte, sogar über Embargo und andere ökonomische Restriktionen wurde nachgedacht. Die Freundschaft mit dem Rassisten-Regime war zu belastend geworden, vor allem drohte die Konsequenz, Schwarzafrika könnte sich mehr der Sowjetunion zuwenden.

Zur Koordination der zu modifizierenden westlichen Außenpolitik wurde eine Kontaktgruppe gebildet, die »Fünferbande«, wie sie im westlichen Jargon hieß: USA, Großbritannien, Frankreich, Japan, BRD. Kanzler Kohl äußerte unlängst beim Empfang Nelson Mandelas lobend, die BRD-Großkonzerne hätten sich in Südafrika als demokratische Kraft gegen die Apartheid bewährt. Da kam mir in Erinnerung, wie die BRD (neben GB) bemüht war, sich den ohnehin schwachen Restriktionen gegen Südafrika zu entziehen. Die BRD-Konzern-Niederlassungen spielten keine rühmliche Rolle, als mit einem sog. Kodex multinationaler Konzerne versucht wurde, innerhalb ihrer südafrikanischen Niederlassungen den Rassismus einzuschränken. Wie wohltuend, die DDR ohne Wenn und Aber an der Seite des ANC in Südafrika und der SWAPO in Namibia zu sehen!

Das dritte Beispiel dient mir der Rückkehr zu dem, was ich eingangs über die Attraktion der Oberfläche und die Verborgenheit wesentlicher Zusammenhänge gesagt hatte: Einer meiner operativen Partner, ein kompetenter Sachverständiger auf diesem Gebiet, rechnete mir für einen Zeitraum von 50 Jahren mathematisch genau vor, welches ungeheuer profitable Geschäft die Metropolen, darunter die BRD, mit der Ausreichung von Krediten an die Dritte Welt machen. Der Netto-Kapitaltransfer in die zutreffend als imperialistisch zu bezeichnenden Staaten, also der Saldo aus Kreditsummen und Schulden- sowie Zinsendienst, schwillt progressiv an. Dabei wird die Verpflichtung der OECD-Länder, 0,7 % ihres BSP als Entwicklungshilfe zu leisten, von der BRD noch nicht einmal bis zur Hälfte erreicht.[115]

Ich nähere mich dem Ende meiner Einführung. Mit zwei weiteren Beispielen über ideologische Fehlleistungen, denen ich ausgesetzt war und von denen ich mich – auch dank meiner Partner – in einem gewissen Grade befreien konnte.

Das erste Beispiel ist sogar ein sehr dienstliches. Ein Partner hatte für uns eine eigene Prognose der sowjetischen Erdölförderung und der -höffigkeit in den nächsten 25 bis 30 Jahren ausgearbeitet. Seine Prognose-Kurve zeigte für einige Jahre einen steilen Anstieg (wie frohlockte unserer Herz!). Dann folgte Stagnation und schließlich ein stetiges Absinken der quantitativen und der qualitativen Förderleistungen. Seine Begründung der nachlassenden Effizienz wischten wir beiseite: Drückte sie nicht trefflich die Enge und die Vorurteile des bürgerlichen Erkenntnishorizontes, seine »Klassenschranken« aus? Aber dann, oh weh, gab der Realverlauf unserem Ratgeber recht. Nicht er, nein, wir waren ideologisch von engem Horizont. Für mich ein Grund mehr zu begreifen, dass ein sozialistischer Nachrichtendienst wie ein Wissenschaftler sine ira et studio arbeiten und sich von ideologischer Befangenheit freihalten müsse. Aber da lag eben auch unser erkenntnisfeindliches »Grenzregime«.

Mein letztes Beispiel zu »Wechselwirkungen« ist ein sehr persönliches und mit einem Dank an einen meiner operativen Partner verbunden. Vermutlich fast alle meiner politischen Generation in der DDR bzw. der SED waren von den Dogmen des verballhornten Marxismus und Leninismus infiziert und hatten sie z. T. verinnerlicht. Für mich traf dies in einem ganz besonderen Ausmaß, das mir bis heute peinlich ist, für kulturpolitische Dogmen zu. Shdanow war mir plausibel. Und trotz Brechts Warnung, das Volk sei »nicht tümlich«, war ich von der kultur- und künstlerfeindlichen Fassung der geforderten Volkstümlichkeit nicht frei.

Den ersten Knick bekam diese Indoktrination, als ich irgendwann in den 50er Jahren durch Westberlin mit der S-Bahn nach Potsdam fahren musste und die farbigen Fassaden und Balkons sah. Spontan fand ich einigen Gefallen und erschrak: Besagte nicht unsere Kunstdoktrin – seit Herrnstadts brillantem aber scharfmacherischem ND-Artikel »Über den Baustil, den politischen Stil und den Genossen Henselmann«, solches sei bürgerliche (!) Dekadenz in der Architektur? Es folgten zwar weitere »Knicke« – aber erst den heftigen Diskussionen mit meinem Freund K., der von Kunst weitaus mehr verstand und fast ein »absolutes Auge« hatte, danke ich Befreiung von solchem Unsinn. Womöglich, wer weiß?, würde ich ihm sonst bis heute anhängen.

Andererseits rechne ich es mir mit Befriedigung an, dass mir Walter Jens, u. a. gerade wegen seines Rosa-Luxemburg-Stückes, stets als ein objektiver und praktisch als ein »paralleler« Verbündeter erschien, während er in der HA XX des MfS als »besonderes gefährlichen Konterrevolutionär« angesehen wurde.

*

Aufklärungsarbeit für die HV A war also in vielfacher Hinsicht ein Bildungs- und politisches Erkenntnis-Unternehmen.

Was bleibt?

An individuellem Lernerfolg wohl einiges – und damit Gewinn und Freude.

An gesellschaftlichem? Die Niederlage unseres Sozialismusversuches hat vieles – und am Ende verdient – auf den Müllplatz verwiesen. Darunter ist womöglich einiges irrtümlich dort gelandet und wird später gesucht und gefunden werden.

Im übrigen sage ich – getreu meiner Herkunft aus einer naturwissenschaftlichen Schule – »keine« Ergebnisse, keine Erfolge der ersten Experimente sind auch Ergebnisse: Sie offenbaren die Irrwege, verdeutlichen Bedingungen, fördern das Verstehen, beflügeln die Intuition und sie bereichern die Wissenschaft.

Aber ohne Utopie und ohne Wissenschaft, nur mit politischem Pragmatismus, wird es für die Menschen kein Überleben geben.

Leicht gekürzt und bearbeitet veröffentlicht in: Blätter für deutsche und internationale Politik; *Bonn, Heft 9/97*

III.
Die Gauck-Behörde

»Feuer« mit den Akten des MfS? oder: Die Wahrheit muss ans Licht

Beitrag im Neuen Deutschland *vom 22. Dezember 1993*

Absonderlich erscheint Pfarrer Hans-Jochen Vogel[116] die Zusammensetzung der »Pro-Akten-Front«: hie Bohley/Heitmann/Insider-Komitee[117] und dort Bundeskanzler Kohl und Friedrich Schorlemmer[118]. Freilich ist die Sache so einfach nicht: Auf Gründe, Interessen, Absichten und Ängste kommt es an. Sie zu verstehen, muss betrachtet werden, wer an welchen Teilen des eindrucksvoll, aber wenig seriös als kilometerlang[119] bezeichneten Aktenbestandes des MfS interessiert oder desinteressiert ist. Frau Bohley und Herr Schorlemmer haben sicherlich in erster Linie die Personen-Dossiers im Auge.

Das Insider-Komitee hat die Erhaltung aller (!) Akten im Sinn. Personendossiers sind längst nicht alles. Es gibt Analysen, Lageberichte zur Volkswirtschaft, zu anderen Bereichen und zum Zustand der DDR überhaupt, Untersuchungen über die Naziverbrechen und über deren Täter, Ergebnisse der Auslandsaufklärung und Analysen internationaler Prozesse – und viel Banales.

An welche Teile der Akten denkt Historiker und Kanzler Dr. Kohl, wenn er von unangenehmen Gerüchen spricht? Ich vermute, weniger an die Personendossiers über DDR-Bürger, als vielmehr an jene Akten, die Auskunft über politische Interessen und Beziehungen geben, oder über Nazivergangenheiten. (Man erinnere sich der bundesdeutschen Unlust, die Verantwortung über das Document-Center in Westberlin zu übernehmen und dieses systematisch zu erschließen, oder an die lächerlich kleine Personalausstattung der Zentralstelle zur Untersuchung von Naziverbrechen in Ludwigsburg.)

Focus-Veröffentlichungen lassen ahnen, welchen Schatz von zeithistorischen authentischen Dokumenten z. B. die Funkaufklärung der DDR hinterließ. Die Historiker der internationalen und der zwischendeutschen Geschichte freuten sich noch mehr, gäbe es noch die Sach-Akten des Auslandsnachrichtendienstes der DDR. Aber sie wurden mit Rücksicht auf deren Quellen und nicht auf die Historiker-Interessen zerschnipselt. Das darf man als historisch und politisch interessierter Mensch bedauern.

Wie angenehm oder unangenehm – je nach Interessenlage, dass sich in den Akten des MfS – außer Personalien – auch Authentisches aus den Hinterbühnen und Regiezimmern der Politik der DDR, der BRD und anderer Staaten finden lässt. Wenn diese Akten nicht verschlossen oder freudenfeuerverbrannt, sondern öffentlich (!) zugänglich würden. Weshalb sollten es nur betroffenen Bürgern ermöglicht sein, in ihre eigenen Personaldossiers zu blicken, und nicht allen Bürgern in die Geheimdossiers der »großen« Politik? Wie instruktiv wäre doch für die Bildung des öffentlichen Verständnisses, würden aus den politischen Dossiers die Unterschiede zwischen Sonntags-, Parteitags- sowie Wahlreden und den tatsächlichen Interessen, Absichten, Plänen und Handlungen bekannt? Gar bei analogem Umgang mit den Dossiers der westlichen Dienste. Der Blick auf die komplizierte Durchdringung von Konfrontation und Kooperation würde frei.

Z. B. würden alle Ziele und Dimensionen der beiderseitigen Politik des »Wandels durch Annäherung« im Gedächtnis bleiben, einige vielleicht erst bekannt werden. Das behindert sehr die neuerlichen Legendenbildungen.

Das Gerangel darüber, ob denn die Mitglieder des Bundestags-Untersuchungsausschusses zu KoKo die einschlägigen BND-Akten einsehen dürfen oder nicht, wirft ein aufschlussreiches Licht auf die Interessenlagen. Ausschuss-Vorsitzender Vogel (CDU) machte »Quellenschutzgründe« geltend, weshalb wohl?

Die in der gegenwärtigen Debatte erfolgte Einengung des Blicks auf die Personendossiers hat Methode. Ist sie nicht gut geeignet, vom Vorstoß auf das Eigentliche abzulenken? Zu den Inhalten, also auch zu Interessen und Absichten, zu Plänen und Handlungen? Auch die Personendossiers erhielten dann eine über individuelle Betroffenheit, Zugang und Bewertung hinausreichende Dimension. Denn das Täter-Opfer-Schema ist dafür unzureichend.

Auch für die Kritik des gescheiterten Sozialismus-Versuchs aus linker Sicht.

Wäre nicht wichtig, aufgrund von primären Quellen die Gründe für die Aufkündigung der Loyalität gegenüber der DDR und zum Übergang zu systemimmanenter oder systemfeindlicher Opposition, oder für die Ausreiseanträge genau analysieren zu können? Wäre nicht wichtig herauszufinden, welches die seinerzeitige Analyse des MfS war, welches seine Fehleinschätzungen und deren Mechanismen? Und anderes mehr.

Die aktuelle Debatte kreist hauptsächlich um Dossiers, die DDR-Abwehrorgane über Bürger anlegten, welche wegen tatsächlichen oder auch nur vermeintlichen DDR-feindlichen Verhaltens verdächtigt wurden. Sie werden pauschalisierend als »Opfer-Akten« bezeichnet. Ich möchte diesen Begriff an dieser Stelle nicht problematisieren, sondern als Arbeitsbegriff aus fünf Gründen akzeptieren:

Erstens trifft er subjektiv für sehr viele Menschen zu.

Zweitens ist in heutiger Sicht zweifelsfrei, wie viele – nicht selten tragische und für die DDR politisch kontraproduktive – Fehleinschätzungen mit solchen Dossiers bewirkt wurden.

Drittens muss – nicht nur für die DDR sondern überhaupt! – gefragt werden, ob sich die geheime Sammlung von Personeninformationen über politisches und weltanschauliches Denken von Menschen wirklich eignet, ein zutreffendes Bild über eine Persönlichkeit zu gewinnen. Denn: Geheime Informanten werden geschützt. Die geheim bleibende Meinungsbildung über einen Menschen ist faktisch der Korrektur entzogen. Subjektive Fehlurteile und auch Denunziation werden so sehr begünstigt. Fehlurteile können leicht fortgeschrieben werden und sich kumulieren. Nur bedingt kann dem Eigenkontrolle der Dienste entgegenwirken. Vor allem nicht, wenn Vorurteile und »Erfolgszwänge« bestehen. Das geheim entstandene Bild wird zu einer kafkaesken und anonymen Macht. Gewiss, auch zutreffende Persönlichkeitsbilder können entstehen, aber inzwischen sind die Fehlurteile offenkundig – insbesondere durch Gleichsetzungen von legitimer (und oft harmloser) Gesellschaftskritik mit feindlichen Absichten. Ist dies nicht eine allgemeingültige Warnung vor dieser Methode der Beurteilung ohne öffentlichen Korrekturmechanismus? Meine nächsten Gründe rühren an Prinzipielles.

Denn viertens: Solche Formen der geheimen Ausforschung und Einschätzung des Denkens und des Vorfeldes von gesellschaftlichem

Handeln produzieren unvermeidlich eine tendenzielle Gegenwirkung: Vorsicht, Opportunismus und Doppelzüngigkeit. Damit eine Verminderung gesellschaftlicher Kreativität.

Deshalb schließlich fünftens: Zwar verneine ich nicht die Legitimität der Abwehrorgane der DDR, stimme aber uneingeschränkt Hans-Jochen Vogel zu: »Der Anspruch des Sozialismus ist nicht der von Jeder-Staat«. Wären wir Rosa Luxemburgs Konzept vom Wesen sozialistischer Macht gefolgt – »breiteste Öffentlichkeit, unter tätigster ungehemmter Teilnahme der Volksmassen, in unbeschränkter Demokratie« (*Rosa Luxemburg, Gesammelte Werke, Berlin 1974, Bd. 4, S. 362*) – wäre das geheime Sammeln und Bewerten des politischen und weltanschaulichen Denkens entbehrlich und Verschwendung gewesen. Dieser Grund zeigt die moralische Dimension: Das Handlungsmuster des MfS war insoweit eben nicht viel anders als das des Verfassungsschutzes bei seiner repressiven Beobachtung der Linken. Personendossiers wurden bei völlig unzureichend ausgebildeten demokratischen Prozeduren für die gesellschaftliche Meinungsbildungs- und Entscheidungsfindung so zu einem Instrument des Politik-Ersatzes.

Von den eben besprochenen Dossiers sind in einem gewissen Grade solche zu unterscheiden, die nicht dieser Funktion zu dienen hatten, sondern der tatsächlichen Abwehr von Spionage, sowie von Staatsschutzdelikten – soweit sie im positiven Recht eng definiert waren oder eine enge Auslegung erfolgte und wenn das Prinzip der Verhältnismäßigkeit der Mittel strikt eingehalten wurde.

Die genannten Arten personenbezogener Dossiers bilden nur einen Teil der Personendossiers des MfS überhaupt, vielleicht den geringeren Teil. Hinzu kommen Erlaubnisvorgänge (Seefahrtsbücher, Sprengerlaubnisse, Giftscheine etc.) und die Ergebnisse der Sicherheitsüberprüfung von »Reisekadern« und »Geheimnisträgern«. Die Erklärung zum »Geheimnisträger« war in der DDR sachlich unbegründet äußerst extensiv. (Das ist ein Moment des »kilometerlangen« Umfangs der Akten.)

Mit dem betroffenen Umfang des Personenkreises hat die DDR möglicherweise die AltBRD, welche die Briefträger und Lokführer der »Regelanfrage« beim Verfassungsschutz unterwarf, noch übertroffen. Wie auch immer: Die sozialstatistische Auswertung und qualitative Analyse dieser Akten dürfte Auskünfte über die tatsächliche Engagiertheit oder Staats-Loyalität der DDR-Bürger vermitteln. Ferner, wie sich diese Engagiertheit und Loyalität im Kontext der Krisenentwicklung der DDR gewandelt haben, wie diese Wandlung ein Indikator der Krise wurde.

Schließlich gibt es die Akten über die MfS-Mitarbeiter und ihr persönliches Umfeld, einschließlich des Wachregimentes (mit hohem Durchgang von Wehrpflichtigen). Sehr interessant wären Aussagen einer sozialkritischen und politischen Auswertung der Disziplinarakten der MfS-Mitarbeiter.

Was soll mit den Akten geschehen? Anders als Wolf Biermann (*Spiegel* Nr. 49/93) begreife ich Schorlemmers Idee als eine Metapher, nicht als wörtlich zu nehmenden Aufruf zu einem Freudenfeuer am 1. Januar 1996. Mit Wolf Biermann, der zu Schorlemmers Vorschlag den Reichstagsbrand assoziiert, wäre ich kategorisch dagegen, dass auch das vom MfS angelegte Archiv über die Naziverbrechen in Hoppegarten zu Asche und Staub wird. Wessen Freudenfeuer wäre das dann? So verstehe ich den Wittenberger nicht. Er mahnt wohl an, mit den Akten anders umzugehen.

Es geht um alle Akten. Auch die Akten der BRD-Dienste aus der Zeit des Kalten Krieges müssen geöffnet werden (soweit man ihre Dubletten nicht im MfS-Archiv findet). Für die Historiker sind alle Akten wichtig. Wichtig sind sie auch für die politische Linke, wenn diese sich an Marx' Aufruf zur Selbstkritik (im »Achtzehnten Brumaire«) hält und nicht selbstmitleidig an der Klagemauer verschmilzt. Für die Gegenwart wäre viel gewonnen, würden die Akten nicht verschlossen, aber nicht mehr für kommerzielle, Sensationsinteressen und als Wahlkampfmunition dienstbar sein.

Ohne Akten, muss man auch befürchten, wäre die Phantasie der Boulevardpresse im Erfinden von politischen Keulen, Verdächtigungen, Rufmord- und Gruselstorys noch ungehemmter.

Ohne Illusionen über den Rechtsstaat zu haben, denke ich doch, dass gesicherte Akten auf die Dauer auch in gerichtlichen Auseinandersetzungen ein Anhalt sind für die Wahrheitsfindung gegen die hemmungslose Vermarktung von Phantasieprodukten.

Veröffentlicht in: Neues Deutschland *vom 22. Dezember 1993*

Herr Gauck in Ludwigsburg
– ein surrealistischer Traum

(Januar 1994)

Unlängst schaute ich wieder mal in Anna Seghers »Reisebegegnungen«. Dort trafen sich ETA Hoffmann, Gogol und Kafka. Daran lag's vielleicht, dass ich dieser Tage ein Erlebnis dieser dritten, der surrealen Art hatte. Jeder weiß, wie kreativ die surrealistischen Träume des Halbschlafes sein können.

Mir jedenfalls verband sich die aktuelle Debatte über die MfS-Akten mit der reizvollen Vorstellung, Herr Gauck sei nicht der Chef seiner 3.000-Mann-Behörde in Berlin, sondern er stünde seit 40 Jahren schon 3.000 (!) Mitarbeitern der bundesdeutschen Zentralstelle Ludwigsburg vor, die bekanntlich der Aufarbeitung der Nazivergangenheit und der Aufspürung der Naziverbrecher dienstbar sein soll. In meinem Halbtraum schien mir so, als ob mit seinem engagierten Drängen Herrn Gauck gelungen wäre, die Unlust der Bundesregierung zu überwinden, mit der sie sich gegen die Übernahme des »Berlin Document Center« mit seinen Naziakten von den Amerikanern sträubte.

Auch war Herrn Gauck gelungen, den erbitterten Widerstand zu brechen, mit dem die »Persönlichkeitsrechte« der NS-Täter zu lange Zeit effizient geschützt wurden. Herr Gauck meines Traumes war es auch, der unermüdlich gegen die zahlreichen nicht minder engagierten Versuche focht, die alten Nazis in der Regierung, in der Bundeswehr, auf den Namensschildern der Kasernen in Arbeit oder wenigstens in Erinnerung zu halten. Er hatte den Mut, sich Herrn Dr. Adenauer mit dem Argument der politischen Hygiene zu widersetzen, dass »wenigstens die herausgehobenen Positionen in der Gesellschaft nur solche Bürger bekleiden können, die nicht durch eine Mitarbeit in der NSDAP belastet sind«.[122a] Deshalb widersetzte er sich öffentlich – vehement doch vergeblich – drei Präsidenten der BRD und einem Bundeskanzler, die ebensolche Mitglieder der

NSDAP waren. Wir wollen wegen der Peinlichkeit nicht die Minister, Staatssekretäre, Staatsanwälte und Richter, Generale und Geheimdienstler zählen, bei denen sein Bemühen leider auch erfolglos blieb. In meinem Traum hörte ich ein drohendes Getuschel einer Staatsekretärsrunde um die Herren Globke und Vialon.

Doch allmählich kehrte ich von einer tieferen Ebene meines surealistischen Traums in die Wirklichkeit zurück. Zu Herrn Gauck in der Glinkastrasse Berlin. Und wie erschrak ich beim Lesen seines Buches »Die Stasi-Akten« ob der doppelten Absurdität meiner Phantasien, weil dort die wechselseitige Geschichte der DDR und der BRD ohne jegliche historische Voraussetzung erscheint. Etwa ohne solche »Kleinigkeiten« wie zwei von Deutschland begonnene weltweite Aggressionskriege und eine flächendeckende Okkupation Europas, Faschismus, wirkliche Konzentrationslager und industrialisierte Menschenvernichtung. Auch ohne ein Wörtchen darüber, das der erste wirkliche Chef der Minibehörde in Ludwigsburg (maximal 200 Mitarbeiter), ein Oberstaatsanwalt Schüle, nicht mehr haltbar war: ein winziges Kilometerchen aus Herrn Gaucks heutigem Aktenbestand hatte die Sach-Kompetenz des frühen SA-Mannes (1933) und NSDAP-Mitgliedes zur Verfolgung von Nazis nachgewiesen und einen internationalen Skandal ausgelöst. (Er begab sich in den Ruhestand, mit ungekürzter Beamtenpension, versteht sich).

Gegen Ende meines Traums geriet mir ein kluges Wort Joachim Gaucks in den Kopf: »Das Aussparen bestimmter Probleme aus der öffentlichen Diskussion hat noch keiner Gesellschaft geholfen – gerade das ist ja eine Lehre aus dem Zusammenbruch der DDR.«[122b]

Wie wahr! So fand denn mein Traum ein kreatives Ende und gebar einen praktischen Vorschlag, der schlagartig den Verdacht der Doppelmoral, politischer Heuchelei und Manipulation zerstören könnte: Dem demokratischen Anspruch der DDR-Bürgerbewegung folgend, erklärt die Gauck-Behörde, sie könne ihre Grundsätze in der neuen Bundesrepublik nur dann als unangreifbar moralisch legitimiert ansehen, wenn sich deren Verfassungsorgane dazu bekennen: Die Nichteinhaltung eben dieser Grundsätze gegenüber den Nazis durch die Verfassungsorgane der alten Bundesrepublik wird als Geburtsfehler zutiefst bedauert, auch heute noch sollte kein entsprechend Staatsnaher des Dritten Reiches »herausgehobene Positionen in der Gesellschaft« bekleiden dürfen. Die

Verjährungsregeln für die DDR-Staatsnahen werden auch für die Staatsnahen des faschistischen Deutschen Reiches angewandt.

Veröffentlicht in: Neues Deutschland *vom 19. Januar 1994 (leicht gekürzt)*

Das Aktengebirge

(27. Februar 1995, unvollendet)

Über den Aktenbestand des MfS sind eindrucksvolle Zahlen veröffentlicht worden. In der Tat sind 180 km Akten eine erhebliche Menge. Ein Gebirge aus Akten. Freilich muss schon bedacht werden, dass es einen Gesamtzeitraum von rund 40 Jahren erfasst. »Pro Jahr 4,5 km Akten« – das wäre eine immer noch eindrucksvolle Milchmädchenrechnung. Eine unseriöse, denn zu bedenken ist zweierlei. Erstens, dass die Mengenangabe unvollständig ist. Denn ein Teil der Akten – z. B. fast vollständig die des Auslandsnachrichtendienstes der DDR (HV A) – ist vernichtet. Zweitens, weil der überlieferte Aktenbestand viele Doppelungen enthält: so wie in jeder normalen Verwaltung. Also z. B. zum Original die Kopien bei den Empfängern des Verteilerkreises innerhalb des MfS. (Die Gauck-Behörde erschließt z. B. mittels der Verteiler-Kopien aus dem »Stoffwechselprozess« Vorgänge, die vielleicht im Fundus der Erst»produzenten« von Akten vernichtet oder noch nicht erschlossen sind.)

Die Gesamtkilometerzahl ist zwar eindrucksvoll, aber noch aussagelos.

Aussagekräftiger als die Zeitrelation und Doppelungen eines Behördenbetriebs ist die inhaltliche Struktur des Aktenbestandes. Wieviele »Kilometer« entfallen auf welche Bereiche und Gegenstände? Und: Sind Kilometer überhaupt ein über die Oberflächenerscheinung hinausreichendes Maß?

Zwei Hauptgruppen von Akten: Sach- und Personenakten

Die MfS-Akten umfassen zunächst zwei große Gruppen: reine Sachakten und Akten, die Auskünfte über operative Vorgänge und über Personen erfassen, darunter die »Kaderakten« der hauptamtlichen und Inoffiziellen MfS-Mitarbeiter.

Die eigenen Sachakten des MfS dokumentieren u. a.

• alle Leitungsvorgänge (Befehle, Weisungen, Dienstordnungen,

Jahrespläne und -berichte, Vorlagen an den Minister, Kollegiumsprotokolle),
- Berichte und allgemeine, sowie spezielle Analysen zur Sicherheitslage der DDR,
- Briefwechsel mit den Leitungen der SED, anderen Parteien, mit anderen Einrichtungen des Staatsapparates, die internationale Kooperation des MfS,
- die Finanzangelegenheiten,
- die Arbeit der »Rückwärtigen Dienste« (d. h. der Allgemeinen Verwaltung, z. B. von Grundstücken, des Fuhrparks, der Werkstätten etc.)
- Ergebnisse der Auslandsaufklärung (Informationen, Berichte, Analysen)
- Ergebnisse der Gegenspionage und der Spionageabwehr über die gegnerischen Geheimdienste (insbesondere Verfassungsschutz und BND, sowie CIA und andere Berichte, Analysen, Datenbanken über Erkenntnisse zu Strukturen und Personal u. a.)

Zu den Sachakten gehören weiter solche, für die das MfS nicht selbst die ursprüngliche Quelle ist.

Die wichtigsten Bestandteile übernommener Akten sind:
- Die im MfS aufbewahrten und für Fahndungen, sowie für historische Arbeiten benutzten Akten über Nazi- und Kriegsverbrechen, deren Täter, sowie über Naziaktivisten aus der Zeit von 1933 – 1945 (insofern handelt es sich auch um personenbezogene Akten).
- Im MfS deponierte abgeschlossene Akten der Arbeitsrichtung I der Kriminalpolizei.
- Im MfS deponierte abgeschlossene Akten der Staatsanwaltschaften und Gerichte.
- Ferner gehört zu den Sachakten auch Archivmaterial zur allgemeinen Kriminalität.
- Schließlich sind in den Sachakten auch die Akten, Lehrmaterialien, Dissertationen, Diplom- und Belegarbeiten der Hochschule des MfS erfasst.
Die personenbezogenen Akten des MfS enthalten u. a. folgende Bestandteile:
- die »Kaderakten« der eigenen hauptamtlichen Mitarbeiter des

MfS, einschließlich der Akten über ihre Sicherheitsüberprüfung, die deren Umfeld einschließt (das betrifft kumulativ etwa 180 000 MA),
• die entsprechenden Kaderakten der Inoffiziellen Mitarbeiter des MfS;
• die entsprechenden Kaderakten der (wehrpflichtigen) Angehörigen des Wachregiments;
• hinzu weitere personenbezogene Akten über diesen Personenkreis (z. B. Disziplinarakten, Patientenakten).

Eine nächste große Gruppe personenbezogener Akten betrifft folgende Tätigkeiten:
• Sicherheitsüberprüfungen für Geheimnisträger (die bekanntlich extensiv bestimmt waren), für Personen in wichtigen Funktionen des Staates, der volkseigenen Wirtschaft, des Diplomatischen Dienstes und des Außenhandels der DDR;
• Reisekaderüberprüfungen;
• Sicherheitsüberprüfungen für Befähigungsatteste (Sprengerlaubnisse, Giftscheine, Waffenscheine, Seefahrtsbücher etc.).

Die dritte große Gruppe personenbezogener Akten betrifft
• Personen, die – aus welchen Gründen und mit welchem positiven oder negativen Ergebnis im einzelnen auch immer – der Beobachtung unterlagen bzw. gegen die wegen strafrechtlicher Verdachtsmomente bzw. erwiesener strafrechtlicher Handlungen förmliche Ermittlungsverfahren stattfanden.

Zu dieser Gruppe gehören
• Inländische und ausländische Personen, die für die Spionage- bzw. für die Terrorismusabwehr in Betracht kamen;
• In- und ausländische Personen, die – nach dem Verständnis der Sicherheitspolitik der DDR und der SED-Führung, sowie des MfS mutmaßlich oder tatsächlich als »feindlich-negativ« angesehen und deshalb zur Klärung einer Beobachtung, ggfs. einer förmlichen Ermittlung unterlagen.

Zum personenbezogenen Aktenbestand gehören auch die verschiedenen Karteien, einschließlich der für Kartei- und Archivarbeit üblichen und notwendigen »Findehilfsmittel«.

Es handelt sich um rund sechs Millionen Karteierfassungen von

Personen, die zwei Millionen Kadererfassungen, Reisekader, Geheimnisträger, 1,5 Millionen Hinweise im Zusammenhang mit Nazi- und Kriegsverbrechen, zwei Millionen Personen der BRD und anderer Staaten (z. B. Mitarbeiter/Agenten der Geheimdienste; Kontaktpartner von DDR-Institutionen in Politik, Wirtschaft, Wissenschaft; andere nachrichtendienstlich interessante Personen) enthalten.

Mackie Messer, der von allem nichts gewusst. Herr Gauck über deutsche Geschichte und die MfS-Akten

Zu einem Interview mit Joachim Gauck im Neuen Deutschland
vom 23. Januar 1998; 1. Februar 1998

I. Fragen an Herrn Gauck

In einem Interview[123] bezeichnet Joachim Gauck die Öffnung von Geheimdienst-Akten der DDR als »Erwiderung« (?) »auf das historisch-politische Trauma des Nachkriegsdeutschland«. Das ist recht mehrdeutig. Was war und ist dieses Trauma nun genau?

Herr Gauck liebt, die DDR suggestiv dem Nazistaat gleichzusetzen. Wenn er dem Vorwurf entgehen möchte, die europaweiten Verbrechen des deutschen Faschismus zu verniedlichen, könnte er dann nicht wenigstens ein paar markante Unterschiede notieren? Z. B. dass sich die DDR nicht als »teilidentisch« mit dem Deutschen Reich ansah, während das Bundesverfassungsgericht die Bundesrepublik Deutschland als »identisch« erklärte?[124]

Dass die DDR, anders als dieses Deutsche Reich in seiner vergangenen Nazigestalt, keinen Aggressionskrieg führte, nicht halb Europa okkupierte, keine Konzentrationslager besaß, keine industrielle Menschenvernichtung betrieb, keinen Rassismus verbreitete?

Dass in der DDR, leider mit gewissen exzessiven Ausuferungen (z. B. in den Waldheim-Prozessen), Nazitäter verfolgt und verurteilt wurden, während man in der Bundesrepublik sich zurückhaltend und mit Verjährungsregeln, Beweisnöten etc. recht erfinderisch zeigte, um Zahl und Maß von Strafverfolgungen, aber auch die öffentlicher Aufarbeitung gering zu halten. Hat er vergessen, das dies ein vom attackierten »Establishment« höchst ungeliebtes

Thema der 68er Bewegung war und Karl Jaspers besorgt fragte »Wohin treibt die Bundesrepublik?«.

Erblickt Herr Gauck in diesen Unterschieden keinen Zusammenhang mit den Kontinuitätslinien der bundesdeutschen Herrschafts- und Funktionseliten? Denn in der frühen bundesdeutschen Gesellschaft, im Staat, der Justiz, der Polizei, in den Geheimdiensten, in den Spitzen der Bundeswehr und vor allem in der Wirtschaft der Bundesrepublik gab es fast keinen »Elitenaustausch«. Blickt man auf die Herrschaftseliten drängt sich die Frage auf, wer eigentlich »näher« am Dritten Reich war. Beispielsweise: Theodor Maunz, einer der führenden Grundgesetzkommentatoren, war eifriger Nazijurist und blieb bis zu seinem Tode den Neonazis verbunden (mit Frey in München). Müßte nicht in Herrn Gaucks Logik zwingend sein, wenigstens heute, alle Akten der Machtapparate des »Dritten Reiches« der Öffentlichkeit zu erschließen, insbesondere NSDAP-, Gestapo-, SD-Akten, die Akten der KZ-Verwaltungen und die der Justiz, ausdrücklich auch die der Wehrmachts-Justiz und der Wehrmachts-Sondereinheiten? Und natürlich die von Herrn Gauck verwalteten Akten des MfS über die Aufklärung von Naziverbrechen und deren Täter.

Nachdenklich stimmt ein Größenvergleich der Ludwigsburger Zentralstelle für die Verfolgung von Naziverbrechen und der Gauck-Behörde (etwa 1:20). Der erste Leiter der Minibehörde, Oberstaatsanwalt Schüle, war selbst ein Nazi und musste nach einem internationalen Skandal – selbstverständlich mit ungekürzter Pension – in den Ruhestand geschickt werden.

Das eigentliche »Trauma« ist durchaus noch aktuell. Denn die Nachwirkungen des Faschismus in Deutschland erwecken bis heute Sorge. Erkennbar etwa am Umgang mit der Ausstellung über die Wehrmachtsverbrechen, an so manchem Namen bundesdeutscher Kasernen, an gewissen Begleiterscheinungen der »Goldhagen-Debatte«, an neonazistischen Demonstrationen und Gewalttakten. Und an der Weigerung, ein Gesetz zur Annullierung von Nazi-Unrecht zu beschließen [...]. Ministerpräsident a. D. Filbinger lässt grüßen: »Was damals rechtens war, kann heute nicht Unrecht sein.«

Mit der Öffnung von Personalakten des »Dritten Reiches« (etwa denen des Document Centers) würden die industrielle Menschenvernichtung, die europaweite Okkupation, die »verbrannte Erde«, die massenhaften Geiselnahmen und -exekutionen usw. nicht hinreichend erklärbar. Dazu bedarf es der Akten, die über gesellschaftliche, politische, soziale und wirtschaftliche Interessen, Ziele und Planungen der damaligen Herrschaftseliten Auskunft geben. Allerdings würden durch die Öffnung der Personalakten wenigstens die Täter namhaft, besonders die im Hintergrund. Dokumentarisch belegt, würde offenbar, welche relativ unangefochtene Verwendung sie in den Chefetagen und im Machtapparat der frühen Bundesrepublik fanden. Ein Kontrast fiele ins Auge: die Abwesenheit solcher Leute in den Chefetagen und im Machtapparat der DDR.

Menschen vermögen einsichtig zu sein, zu lernen und sich zu wandeln. Ihnen ist gewiss nicht ewig entgegenzuhalten, was womöglich Jugendsünde war. Dies ist ein Satz, den Herr Gauck sicherlich unterschreibt – soweit es nur nicht um DDR-Bürger ginge. Für diese gilt jene kollektive Schuldvermutung, gegen welche sich die westdeutsche Nachkriegsgesellschaft so vehement wehrte.

Wäre angesichts solcher Zusammenhänge nicht angebracht, wenn Behördenchef Gauck nicht bloß unverbindlich über ein »Trauma« spräche? Er könnte sich aus dem Zwielicht befreien, indem er vielleicht erklärte: Die aus dem Trauma hergeleiteten Grundsätze seiner, von der neuen Bundesrepublik übernommenen Behörde könnten nur dann ohne Heuchelei als moralisch gedeckt angesehen werden, wenn die deutschen Verfassungsorgane endlich öffentlich ihren Fehler bedauerten, solche Grundsätze gegenüber den Nazis in der alten Bundesrepublik nicht selbst eingehalten zu haben. Dass konsequenterweise demzufolge auch heute noch kein entsprechend Staatsnaher des Dritten Reiches »herausgehobene Positionen in der Gesellschaft«[125] bekleiden dürfe. Und läge schließlich nicht in dieser Konsequenz, die Verjährungsregeln für die DDR-Staatsnahen auch für die Staatsnahen des faschistischen Deutschen Reiches in Kraft zu setzen?

II. Makie Messer, der von allem nichts gewusst[126]

Ich bin überhaupt nicht für die Schließung der MfS-Akten. Mit ihnen ist anders und kultiviert umzugehen. Weil auch Friedrich Schorlemmer ein Nachdenken darüber empfahl, denunziert ihn Herr G. mit sanfter Stimme: er lasse »seine Gefühle manchmal zu schnell zu politischer Prosa werden«.

So sehr persönliche Auskunftsinteressen verständlich und gerechtfertigt sind, kann die unverzichtbare kritische Aneignung der Geschichte nicht auf die personalen Aspekte reduziert werden. Die Sachakten gehören in den Mittelpunkt des Interesses. Sicherlich lassen sich damit weniger demagogische Effekte erzielen. Aber statt sich im Denunziatorischen und in Suggestionen zu erschöpfen und Voyeurismus zu bedienen, sollte es vor allem um gesellschaftliche, politische, soziale und wirtschaftliche Interessen, Ziele und Planungen gehen. Dazu gehört die Analyse über Bedingungen und das Verhältnis von Ziel und Ergebnis, von Zweck und Mittel, von möglichen und nicht gegebenen Alternativen der Politik. Eine zukunftsweisende Frage ist, weshalb dieser erste Sozialismusversuch auf deutschem Boden gescheitert ist, welches – neben objektiven Gründen – die subjektiven Ursachen sind, darunter die Klüfte zwischen Ideal und Wirklichkeit. Und wenn verständlicherweise dies keine Gaucksche Sorge ist, so doch praktisches Interesse aller, die im Kapitalismus nicht das fatale Ende der Geschichte sehen wollen.

Bei einem anderen Umgang mit den Akten könnten als einfachstes die demagogischen Zahlenspielereien unterbleiben. Vielleicht könnte die Gauckbehörde die von Daniela Dahn[127] angeführten Gründe und Ergebnisse der Akteneinsichten mit seriösen Angaben untersetzen. Z. B. über das Verhältnis zwischen der Zahl persönlicher Antragsteller und Zahl über sie vorhandener »Opfer«-Akten. Oder über das Gefälle von der Zahl von Ermittlungen zur den Zahlen gerichtlicher Eröffnungsbeschlüsse, Freisprüchen und Verurteilungen. Oder sollte das zu unbequem sein?

Zum anderen Umgang gehörte, die von Daniela Dahn beschriebene Verletzung von Persönlichkeitsrechten zu unterbinden sowie nicht mehr zuzulassen oder zu fördern, dass »geeignete« Akten für kommerzielle Interessen sensations- und denunziationsgieriger Medien missbraucht werden.

Dank des Aktenfundus und seriöser wissenschaftlicher Studien ist die Gauck-Behörde mit einem Spezialwissen über Arbeitsweisen ausgestattet, wie sie wohl allen geheimen Diensten eigen sind, manche auch nur dem MfS. Deshalb gehörte zum anderen Umgang mit den Akten weiter, dass Herr G. sich nicht aus der Verantwortung zurückzieht, indem er mit treuherzigem Augenaufschlag sagt, »dass nicht wir die Überprüfung machen. Wir reagieren nur auf Anträge.« Aber sicher. Freilich kann man von den »Überprüfern« nicht ohne weiteres erwarten, über jene hinreichende Sachkunde zu verfügen, die der Gauck-Behörde möglich wäre. Sachkunde für existentielle Entscheidungen über Menschen! Über (vermeidbare) Fehlinformationen und über fehlende Differenzierungen ist genügend publiziert. »IM« – oft nur die Vermutung dieser Eigenschaft – genügt als Kainsmal. Doch welche Funktion übte ein IM aus? Welche Absichten verfolgte er (z. B. der Schönfärberei entgegenzuwirken, auf Missstände aufmerksam zu machen)? Wenn er Personen-Informationen gab: in welchem Verhältnis standen sie zu offen Erkennbarem? Entsprachen sie der Wahrheit? Gaben sie Fehlbeurteilungen, waren sie denunziatorisch? Waren sie nur abgeschöpft, gar unter Legende? Muss keine Rede davon sein, in welchem Kontext, in welchem Alter, mit welcher Motivation, in welchen konkreten Zusammenhängen? Vor allem davon, wer denn dieser Mensch sonst noch war und heute ist? IM = immer IM. Müsste nicht wenigstens der Standard strafrechtlicher Aufklärung gelten: Unschuldsvermutung, Beweispflicht, Feststellung von Be- und Entlastendem? Herr Gauck als Spezialist müsste ein gerechter und kein rächender Berater sein wollen. Herr G. sagt, er beantworte nur Anfragen, die Schlussfolgerungen zögen andere: »Und am Kai geht Mackie Messer, der von allem nichts gewusst«? Sollte er in dieser Logik dann nicht den IM zubilligen, auch sie hätten nur Anfragen bedient, aber keine oder mindere Verantwortung für gezogene Schlüsse?

Herr Gauck plädiert für Strafverfolgung und wendet sich gegen den von Reinhard Höppner auf dem Kirchentag geäußerten realistischen Gedanken, diese sei für die offenherzige und selbstkritisch nachdenkliche Mitwirkung früherer Funktionäre kontraproduktiv. Die Grundsätze der südafrikanischen Wahrheitskommissionen und die dortigen Versöhnungsbemühungen gelten Gauck als hier nicht anwendbar. Weshalb eigentlich nicht? Es ist ihm eine »törichte pastorale Vorstellung«, auf anderen Umgang als den strafrechtlichen zu setzen. Aus dem Schweigen von Apartheid-Tätern in den südafrikanischen »Wahrheits-Kommissionen« zieht Herr G. den Analogieschluss, ohne Strafverfolgung würde auch hier geschwiegen. Stillschweigend überträgt er mit dieser Analogie einen als gegeben vorausgesetzten Schuldbeweis.

Sein Beweis misslingt: Nachdem das Bundesverfassungsgericht die Offiziere der DDR-Auslandsaufklärung für ihre Aktivitäten im Westen straffrei gestellt habe, hätten sie »die Öffentlichkeit und die

Wissenschaft« nicht »belehrt über das, was sie getan haben«. Falls er meint, dass sie ihre Partner im Westen nicht verraten haben, hat er großenteils recht. So deutlich spricht er es nicht aus, es nähme ihm ein sonst wohlfeiles Argument über Treue-Verhalten. Also verbleibt die Auskunft über die politische Inhalte ihres Tuns und Methoden. Dazu gibt es schon eine Menge an Mitteilungen von HV A-Offizieren für die Wissenschaft und die seriöse Publizistik. Herr Gauck brauchte es nur zur Kenntnis nehmen. Z. B. die Anhörung der Alternativen Enquete-Kommission zur Spionage mit Markus Wolf und Werner Großmann. Z. B. die Tatsache, dass Markus Wolf landauf, landab öffentlich Rede und Antwort steht.

Weil sich Herr Gauck zu Südafrika äußerte, darf ich auf ein – öffentlich mitgeteiltes – Ergebnis meiner Aufklärer-Tätigkeit hinweisen: Wie zögerlich nämlich sich die Bundesregierung gegenüber den in der Carter-Administration aufgekommenen Bestrebungen verhielt (z. B. Boykottüberlegungen), das Apartheid-Regime in Südafrika und in Namibia unter Druck zu setzen. Oder wie unangenehm es den bundesdeutschen Konzernen war, für ihre Niederlassungen in Südafrika sich einem antirassistischen Kodex anzuschließen …

Anmerkungen

1 Mechtel, Dieter: »Noch einmal: Ja, aber«; in: Zwie-Gespräch, Berlin 1993, Heft 14, S. 21f.

2 Brecht: »Fort mit den Trümmern und was Neues hingebaut ...«

3 Karl Marx: Der achtzehnte Brumaire des Louis Bonaparte; in: MEW, Bd. 8, Seite 117/118.

4 Brecht, Bertolt; Hundert Gedichte, Berlin 1952, S. 306.

5 Auch die BRD-Justiz ist nicht eindimensional, wie am Berliner Kammergericht zu erkennen ist, welches – freilich als bisher einsamer Rufer – in zwei Vorlagen an das Bundesverfassungsgericht eine abweichende Position zur Verfolgbarkeit der DDR-Spionage vertritt und starke Zweifel an deren Grundgesetz- und Völkerrechtskonformität artikuliert.

6 Mechtel, a. a. O., S. 24.

7 z. B. durch die »Kampfgruppe gegen Unmenschlichkeit« (KgU) Hildebrandts.

8 Vgl. dazu die sehr instruktiven Memoiren von Diether Posser: Anwalt im Kalten Krieg; München 1991.

9 »Bürgerlichkeit« nicht die des Citoyen, sondern die des Bourgeois.

10 Luxemburg, Rosa: Zur russischen Revolution; in: Gesammelte Werke, Berlin 1974, Bd.4, S. 362 f.

11 Johannes R. Becher: Unsere Ziele – unser Weg; abgedruckt in: Der erste Bundeskongress – Protokoll der ersten Bundeskonferenz des Kulturbundes zur demokratischen Erneuerung Deutschlands am 20. und 21. Mai 1947 in Berlin; Aufbau-Verlag Berlin 1947; S. 18ff.

12 Gegen Missverständnisse notiere ich hier ausdrücklich, dass im Kontrast zu Becher auch Antifaschisten am Werke waren, die sich Bechers und seinesgleichen Mühen nicht unterzogen. Wie hätte es auch anders sein können. Aber Bechers Konzept war nicht nur seines, sondern auch das ursprüngliche der KPD-(bzw. SED-) Führung und einflussreicher Teile der Sowjetischen Militäradministration (Tjulpanows Leute).

13 Detlef Joseph: Zum Charakter der politischen Strafverfolgung; Referat auf der 1. Vertreterversammlung der Gesellschaft zur rechtlichen und humanitären Unterstützung e. V. (GRH) am 19.3.1994 (Manuskript).

14 Karl Marx: Der achtzehnte Brumaire des Louis Bonaparte; in: MEW, Bd. 8, Seite 117/118.

15 Bertolt Brecht, An die Nachgeborenen; in: Gedichte, Bd. IV, Berlin 1961, S. 150.

16 Friedrich Engels an Franz Mehring, 14. 7. 1893; in: Karl Marx/Friedrich Engels, Ausgewählte Briefe; Berlin 1953, S. 549

17 Gaus, Günter: Wo Deutschland liegt – Eine Ortsbestimmung; Hamburg 1983

18 Es ist der gleiche politische Bündnisgedanke, welcher der Pluralität der PDS und ihrer offenen Listen zugrundeliegt.

19 Auf dem III. Kongress der Kommunistischen Internationale; in: Lenin, Werke, Bd. 32, Berlin 1967, Seite 500.

20 In der »Kritik der Hegelschen Rechtsphilosophie«; in: Marx/Engels: Werke, Berlin 1974; Bd.1, S. 385.

21 Wie ist z. B. zu bewerten, das einem Menschen, über den es noch nicht einmal Erkenntnisse über ein tatsächliches oder vermeintliches »feindlich-negatives« Verhalten zur DDR gab, die Deckbezeichnung »Wanze« (!) »verliehen« wurde? Welches Menschenbild hatte der Namensgeber?

22 Bertolt Brecht: Stücke, Bd. IV, Berlin 1961, S. 265.

23 ebenda, S. 289.

24 Ich charakterisiere beide Schulen so: In der einen der beherrschende Gedanke: Wie – auf eine sorgfältige Persönlichkeitsbeurteilung gestützt – kann ich einen Menschen für unsere Sache gewinnen? In der anderen, in deren Formel »Wer ist wer?« das Misstrauen fast schon vorgegeben ist: jenes Konfliktmuster, das Hermann Kant in der »Aula« in den Personen Angelhoff und Haiduck polarisiert hat.

25 Immerhin charakterisierte das frühere Politbüro-Mitglied Konrad Naumann den Stellenwert des Intershop-Netzes als »Verschiebung der ideologischen Grundachse der DDR« – eine zweifellos richtige Einschätzung.

26 Auf künstlerische Versuche, sich dem MfS-Thema zu nähern, wollen wir wegen ihres Anregungs- und Erkenntniswertes, insbesondere zu moralischen Fragen, hinweisen. Ihre Breitenwirkung ist nicht zu unterschätzen. Ich nenne als Beispiele Günter Grass' »Ein weites Feld«, Erich Loests Roman »Nikolaikirche« und seine Verfilmung durch Frank Beyer. Ihr Wirklichkeitsgehalt ist nicht unabhängig von bisheriger Aufbereitung durch Geschichtsschreibung und persönliche Erinnerungen.

27 Günther Bonsack/Herbert Bremer: Auftrag: Irreführung; Hans Eltgen: Ohne Chancen; Rudolf Nitsche: Diplomat im besonderen Einsatz; Klaus Rössler/Peter Richter: Wolfs Westspione; Heinz Günther: Wie Spione gemacht wurden; Josef Schwarz: Bis zum bitteren Ende; Markus Wolf: In eigenem Auftrag. Dies ist eine bloße Aufzählung, ohne Wertung. Auffallend allerdings, dass nur einer von diesen sieben Titeln nicht aus dem Bereich der HV A kommt.

29 Das »Zwie-Gespräch« muss zum Jahresende 1995 sein Erscheinen einstellen, weil durch die geringe Abonnentenzahl die Kosten nicht aufgebracht werden.

30 Die Zahl der aktiv in öffentlichen Diskussionsveranstaltungen auftretenden früheren MfS-Mitarbeiter kann nicht beziffert werden. Sie dürfte etwas größer sein, als der Kreis eigeninitiativer oder reaktiver Teilnehmer an gedruckten Medien. Zu erwähnen ist die Mitwirkung einiger Mitarbeiter an Interviewbüchern (Karau, Wilkening) und an Fernsehsendungen. Bei diesen freilich selten ohne Verzerrungen und Verfälschungen ihrer Aussagen.

31 Vgl. dazu ausführlich: Weißbuch Nr. 5: Unrecht im Rechts-Staat – Strafrecht und Siegerjustiz im Beitrittsgebiet; Berlin 1995.

32 Das gilt analog für nicht wenige frühere MfS-Leute im z. T. hohen Rentenalter, die sich angesichts ihrer Strafrente von 802 DM im Monat ohne Rücksicht auf ihr gesundheitliches Vermögen noch etwas hinzuverdienen müssen – z. B. durch Zeitungsaustragen.

33 Bertolt Brecht: Fünf Schwierigkeiten beim Verbreiten der Wahrheit; in: Zur Literatur und Kunst, Berlin und Weimar 1986, Bd.I, S. 271.

34 »Geheimdienste in Deutschland nach 1945«, 15.12.1993. Protokoll veröffentlicht in: IK-Korr spezial Nr. 2; »Duell im Dunkeln – Spionage und Gegenspionage im geteilten Deutschland«, 29.5.1994; Protokoll veröffentlicht in: IK-Korr spezial Nr. 3.

35 Karl Marx: Zur Kritik der Hegelschen Rechtsphilosophie. In: MEW Bd.1. Berlin 1974. S.385

36 In MEW Bd. 8. Berlin 1974. S. 117/118.

37 Andreas Voigt: »Glaube, Liebe, Hoffnung«.

38 W. R. Menshinski war Stellvertreter und später Nachfolger Dzierzynskis. Er starb nach langer Krankheit 1934. Das seinem Nachfolger Jagoda angelastet wurde, er habe Menshinski durch Giftmord beseitigt, muss ebenso mit größter Skepsis gesehen werden, wie andere in den 30er Jahren erhobenen Beschuldigungen über Morde und Mordpläne.

39 Zofia Dzierzynska: »Jahre großer Kämpfe«, Berlin 1977, S. 303.

40 ebenda, Zofia Dzierzynski beruft sich hierzu auf eine Äußerung von Dzierzynskis Stellvertreter Menshinski.

41 ebenda, S. 304.

42 ebenda.

43 Ob und wieweit Zaisser tatsächlich eine Rückkehr zu leninschen Normen anstrebte oder ob seine Entfernung nur ein Austausch von »Charaktermasken« war, ist in diesem Zusammenhang nicht von Belang. Seine Ablösung war gleichwohl ein Zeichen für die im Kern ungebrochene Kontinuität der Stalinschen Herrschaftspraxis und ihrer Begründung, wonach sich trotz beseitigter ökonomischer Machtbasis der Ausbeuterklassen beim Aufbau des Sozialismus der Klassenkampf ständig verschärfe.

44 Kurt Hager; Erinnerungen, Leipzig 1996.

45 Bertolt Brecht: Stücke; Bd. IV, Berlin 1961, S. 265.

46 Brecht, Bertolt; Gedichte, Bd. IV, Berlin 1961, S. 148.

47 Karl Marx: Zur Kritik der Hegelschen Rechtsphilosophie; in: MEW, I, 385.

48 Vgl.: »Vertrag über die Grundlagen der Beziehungen zwischen der Deutschen Demokratischen Republik und der Bundesrepublik Deutschland vom 21.12.1992, in: Völkerrecht, Dokumente Teil 3, Berlin 1980, S. 820; sowie Urteil des Bundesverfassungsgerichtes über die Verfassungsmäßigkeit des Grundlagenvertrages vom 31. Juli 1973, insbesondere Abschnitt B,V,4, in: NJW 1973, S. 1539.

49 Gesetzentwurf der Fraktionen der CDU/CSU und FDP zu einem »Gesetz

über Straffreiheit bei Strataten des Landesverrats und der Gefährdung der äußeren Sicherheit«vom 2.9.1990; Bundestagsdrucksache 11/7762(neu)
50 Vgl. §3 des Gesetzentwurfes, ebenda.
51 Ansprache von Staatsminister Dr. Stavenhagen in Pullach: »Zum Auftrag des Bundesnachrichtendienstes«; in: *Bulletin des Presse- und Informationamtes der Bundesregierung* Nr. 120 v. 7.11.1989, S. 1032.
52 Auch im Westen etablierten sich nach der Niederwerfung des deutschen Faschismus übernationale Werte und politische Handlungsmotive: Man denke an die Europa-Ideen (mit Verzichten auf nationalsstaatliche Souveränitätsansprüche) und an die Europäische Gemeinschaft oder an transatlantische Bindungen und deren Legitimationsgründe. Beides nota bene mit sehr spezifischen Zügen und Absichten zur Einbindung der Deutschen!
53 Die US-amerikanische Autorin Mary Reese schreibt in ihrer Monografie über den ersten BND-Chef Gehlen, er habe »einen Weg gefunden, seine Kameraden zu retten [...] genau dieselbe skrupellose Horde wie unter Hitler« – immerhin über 4.000 Mann. Vgl.: Mary Ellen Reese: Organisation Gehlen. Der Kalte Krieg und der Aufbau des deutschen Geheimdienstes; Rowohlt-Berlin 1992, S. 171.
54 So wäre bei der Bewertung bewusster subjektiver politischer Motive für nachrichtendienstliche Arbeit zu Gunsten der DDR zu bedenken, welcher späteren Entwicklung innerhalb der alten BRD solche »motivbildenden« Fragen unterlagen. Das betrifft u.a. die Hallsteindoktrin und den Alleinvertretungsanspruch gegenüber der DDR, die Nichtanerkennung der Oder-Neiße-Grenze und die viele Jahre abgelehnte völkerrechtsvertraglich fixierte Bindung der Bundesrepublik an Gewaltverzicht gegenüber den osteuropäischen Staaten, die Wandlung der CDU/CSU-Haltung zur KSZE und zur Ostpolitik Brandts, die Wandlungen der SPD-Positionen in der Ostpolitik oder zum »Nachrüstungsdoppelbeschluss« der NATO, die späte Ratifizierung des Atomwaffensperrvertrags (den Strauß ursprünglich als »Über-Versailles« gewertet hatte). Oder es wäre an die quälenden Vorgänge bis zur Entfernung schwer nazibelasteter Personen aus hohen Staatsämtern zu denken (u. a. Globke, Oberländer, Villain, Filbinger, Weihrauch). Eine historisch interessante Frage wäre, ob, in welchem Maße und wie im einzelnen politisch-inhaltlich bedingt, sich die Zäsuren in der Entwicklung des »Realsozialismus« auf Erfolg und Nichterfolg von »Überzeugungswerbungen« in der BRD auswirkten, etwa die Folgen der Unterdrückung von Reformen in der damaligen CSSR, Afghanistan, die »Fälle« Biermann und Havemann, die Zurückweisung »euro-kommunistischer« Reformansätze u.a.m. Dafür sind faktisch nur noch Zeit-Zeugen der HV A auskunftsfähig. Aber das gegenwärtige Klima kann nicht deren Bereitschaft stimulieren, der geschichtlichen Darstellung und Analyse zu helfen, besonders angesichts evtl. strafrechtlicher Folgen für Dritte. Ähnlich wären die Auswirkungen der Bemühungen Gorbatschows einerseits um Reformen des Sozialismus, andererseits auch um die Etablierung eines international »Neuen Denkens«

zu studieren. Den vermuteten Veränderungen im Erfolgspotential der DDR-Dienste dürften analog umgekehrt die BRD-Dienste in der DDR einen fruchtbareren Boden gefunden haben. Das gilt entsprechend für die Auswirkungen der politischen Entwicklung in der BRD, etwa seit der Etablierung der neuen Ostpolitik Brandts/Scheels/Bahrs, seit der KSZE und, nicht zuletzt, im Gefolge der Auswirkungen der 68er-Bewegung in der BRD.

55 Vgl. für das Geheimdienstpersonal: Insiderkomitee zur Aufarbeitung der Geschichte des MfS e.V. Berlin, Herausgeber: Übersicht für den Vergleich des Führungspersonals der Geheimdienste der DDR und der BRD – nur Gründergeneration; in: Duell im Dunkeln – Spionage und Gegenspionage im geteilten Deutschland; Berlin 1994, S. 26f.

56 Vgl. »Spionage & Justiz«, S. 36f.

57 vgl. Beschluss des BGH vom 30.1.1991, Strafbarkeit der DDR-Spione, in: NJW 1991, S. 929.

58 »Grunddaten – Strukturen – Gründungspersonal der Geheimdienste der DDR und der BRD – Eine Übersicht«. Dieses vom Insider-Komitee herausgegebene Begleitmaterial für die Veranstaltuung am 15.12.1993 ist jeweils im Anhang der vom Insiderkomitee herausgegebenen Protokolle der Anhörungen der Alternativen Enquete-Kommission abgedruckt.Vgl. IK-Korr-Spezial Nr. 3 mit der ergänzten und korrigierten Fassung der Gegenüberstellung des Gründungspersonals der Geheimdienste der DDR und der BRD.

59 Dokumentiert in: »Zwie-Gespräch«, Nr. 23, Berlin; Oktober 1994; S.14 f.

60 Vermutlich dürfte allein der Gedanke, DDR-Bürger (außer den Mitarbeitern selbst) könnten mit dem MfS auch positive Erlebnisse verbinden, auf Skepsis stoßen. Das ändert aber nichts an der Tatsache, das sich solche positiven Erlebnisse z. B. einstellten, wenn DDR-Bürger tatsächlich erfuhren oder glaubten, mit Hilfe des MfS werde ein authentischeres Bild der realen Verhältnisse in der DDR – gegen die notorische Schönfärberei vieler Parteileitungen, den Medien – erreicht und damit auf eine Veränderung hingewirkt. Die an das MfS gerichteten Eingaben von Bürgern mit solchen Beschwerden belegen das. Positive Erlebnisse verbanden sicherlich viele den Idealen des Antifaschismus und des Sozialismus verbundene Menschen, wenn es dem MfS gelungen war, konkrete Naziverbrechen aufzudecken, ihre Täter aufzuspüren. Oder wenn es gelungen war, vom BND und von der CIA entsandte Agenten, von der Kampfgruppe gegen Unmenschlichkeit entsandte Terroristen aufzuspüren. Positive Erlebnisse verbanden viele DDR-Bürger auch mit den – nur spärlich bekannt gewordenen – Erfolgen der Auslandsaufklärung der DDR. Ich habe einige »positive« Merkmale angeführt – sie verdecken nicht die negativen Erlebnisse. Keines von beidem ist ausschließlich.

61 in: »Zwie-Gespräch«, Nr. 23, Berlin; Oktober 1994; S.1f.

62 Zur Problematik der Kontrollierbarkeit von Geheimdiensten: Wolfgang

Hartmann: »Offenlegung contra Geheimhaltung – Zur Möglichkeit und zu den Grenzen der parlamentarischen Kontrolle von Geheimdiensten und zu Bewertungsfragen«; in: »Zwie-Gespräch« Nr. 13, April 1993, S. 10f.

63 Über die sehr robusten Praktiken des FBI und der CIA sei aus Höflichkeit geschwiegen.

64 Siehe im Kasten abgedrucktes Zitat über Täuschung und Vertrauensbruch aus dem bundesdeutschen Handbuch für Theorie und Praxis des Verfassungsschutzes von 1968.

65 Zu diesem Problem ausführlich: Wolfgang Hartmann: »Immer noch: Ja aber oder Der arge Weg der Erkenntnis«; in: »Zwie-Gespräch« Nr. 17, Oktober 1993, S. 15f.

66 In Bezug auf die DDR betrifft das insbesondere auch die Eigentumsverhältnisse und die Tatsache, das der Versuch, ein nichtkapitalistisches Eigentum zu etablieren, den eigentlichen tiefen Kern der politischen Auseinandersetzungen bildete.

67 Bekanntlich war seinerzeit in der BRD schon die Organisation von Ferienreisen von Arbeiterkindern in die betrieblichen Kinderferienlager der DDR eine verfassungsfeindliche und kriminalisierte Tätigkeit gewesen.

68 Über diesen Zusammenhang gibt eine »Übersicht für den Vergleich des Führungspersonals der Geheimdienste der DDR- und der BRD – nur Gründergeneration« einen beispielhaften Einblick. Abgedruckt in »Duell im Dunkeln – Spionage und Gegenspionage im geteilten Deutschland«, Berlin 1994, S. 26f.

69 »Das Strafen muss ein Ende finden«, *Spiegel*-Gespräch; in: *Der Spiegel* 4/95, 23. Januar 1995.

70 Der MfS-Begriff »politisch-operative Arbeit« drückt dieses Verständnis ebenfalls aus. Sicher ein geschwollener Ausdruck, sein Sinn war aber die Abgrenzung vom »Job-Verständnis«.

71 Abgedruckt in: David Gill, Ulrich Schröter: Das Ministerium für Staatssicherheit Anatomie des Mielke-Ministeriums; Berlin 1991, S. 414 f. – insbesondere Abschnitt 2.

72 Meine Sicht ist unter früheren Mitarbeitern des MfS nicht unbestritten. Z. B. wird angemerkt, sie sei sehr »Berlin-bezogen«, für die Kreisdienststellen sei das anders zu sehen, oder in der HVA-Praxis seien Subjekt-Subjekt-Beziehungen typischer gewesen. Darüber wird weiter nachzudenken sein. Meine Sicht sehe ich dagegen durch Auskünfte von früheren Führungsoffizieren und von IM über ihre Motive und über ihr Selbstverständnis gestützt. Als Gegenbeispiel ließen sich meiner Sicht die Rechtfertigungserklärungen einiger »geouteter« IM entgegenhalten. Auch wenn ich diese nicht prinzipiell in Zweifel setzen möchte, bleibt zu berücksichtigen, dass solche Rechtfertigungen in einem Klima erfolgen, in dem die von Ulrich Schröter genannte »Drucksituation« sogar Selbstdemütigungen hervorbrachte.

73 Z. B. die Formen faktischer »sozialer Kontrolle« in den Wohngebieten, in denen MfS-Mitarbeiter z. T. konzentriert waren, oder die Wirkungen der

SED-Grundorganisationen im MfS. Bemerkenswert und kritisch zu bedenken ist in diesem Zusammenhang auch, dass in Treffgesprächen mit IM ein freierer, »rücksichtsloserer« Geist herrschte, als im internen offiziellen Sprachgebrauch.

74 In der Sprache der Zeit: »kollektive Zusammenarbeit«, »Kollektivgeist«.

75 Über die immanenten Gefahren konspirativer Beziehungen weiter unten am Beispiel der »Dossierarbeit«

76 Diese Einschränkung erfolgt, weil auch bei solchen IM versucht wurde, eine andere Basis der Zusammenarbeit zu finden, in der ideelle soziale Motive größeres Gewicht erhielten oder »eigensüchtige« Motive (z. B. materielle) ablösten und ersetzten.

77 Eine unrichtige Wahrnehmung und Verabsolutierung ist wohl auch, wenn Ulrich Schröter glaubt, die Ansprache als Persönlichkeiten durch das MfS habe »im Gegensatz zu sonstigen Einzel- und Gruppengesprächen in Partei und Betrieb« gestanden.

78 Vor dem Hintergrund eines Landes, in dem Victor Klemperers LTI Millionenauflage erreichte, sind unentschuldbare sprachliche Entgleisungen auch in anderen Bezeichnungen zu finden und zu kritisieren: insbesondere in der Wahl von Deckbezeichnungen für OPV, für Personen oder für Aktionen. Insbesondere, weil von ihnen eine unbewusst wirkende »Enthemmung« ausgehen konnte. Beispiele: Die Bezeichnung »Ungeziefer« für eine Aktion an der Staatsgrenze; die Deckbezeichnung »Filou« für den Schriftsteller Franz Fühmann, der Begriff »zersetzen« für eine auf die Störung feindlicher Strukturen gerichtete geheimdienstliche Operationsart (im britischen Geheimdienst spricht man von »destroy«).

79 Natürlich verwendet kein Geheimdienst in seiner offiziellen Sprache für seine verdeckt arbeitenden Quellen das negativ besetzte Wort »Spitzel« – dafür gibt es neutralisierende Synonyme. »Mitarbeiter« als Hauptwort zur Bezeichnung von haupt- und nebenamtlichen Geheimdienstlern ist nur bedingt ein Synonym – sein Inhalt ist reicher. Ulrich Schröter nennt die Ambivalenz der Bewertung »in Umbruchzeiten« (S. 3). Ich glaube aber, das seine Vermutung unzutreffend ist, das die früheren IM »auch für viele ihrer früheren, nunmehr entmachteten Auftraggeber [...] verachtungswürdig« seien. Im früheren Selbstverständnis der Führungsoffiziere gibt es keinen Ansatz dafür, sie heute über IM so urteilen zu lassen. Auch für die Betrachtung der Selbstdemütigungen früherer IM, die sie unter dem Druck der Ausgrenzung begehen, wäre eine solche Vokabel unangebracht.

80 Wie oberflächlich heute oftmals die moralische Entrüstung über IM-Informationen ist, zeigt folgende Überlegung: Geheim erteilte Informationen über eine Personen können wahr oder unwahr sein. Die Geheimheit begünstigt, dass unwahre Angaben in Bewertungen, in Entscheidungen etc. eingehen können. In den Abwehr- und Untersuchungsdiensteinheiten des MfS fand durchaus Quellenkritik statt. Die Unwahrheit einer Personenauskunft würde dann, wenn sie quellenkritisch erkannt war, für den Betroffenen völ-

lig bedeutungslos geblieben sein, sozusagen geheim vergraben. Ganz anders bei der Sensationspresse: Ist auch nur halbwegs eine auflagenfördernde Story gegeben (gemacht), wird sie ohne Rücksicht auf den Rufmord-Schaden hinausposaunt. Je sensationsträchtiger, desto besser. Quellenkritik ist durch Berechnung der Auflagenförderung ersetzt. Ist öffentliche Denunziation moralisch? Statt weiterer Argumente dazu verweise ich auf Heinrich Bölls (auch verfilmte) Erzählung »Die verlorene Ehre der Katharina Blum« (Köln 1974).

81 Überhaupt ist zu fragen, ob denn Personenauskünfte durch einen IM grundsätzlich nur als Auskünfte über »Negatives« und »Schaden zufügendes« gesehen werden dürfen. Ist nicht wenigstens denkbar, IM könnten mit ihren Personenauskünften auch Fehlurteilen entgegengewirkt haben – z. B. bei Sicherheitsüberprüfungen für Geheimnisträger, bei Reisekaderüberprüfungen, bei Überprüfungen für besondere Befugnisse (Sprengerlaubnisse etc.)? Weshalb wird Denunziation per se unterstellt? Ist nicht wenigstens denkbar, dass kulturell gebildete IM versuchten, den inzwischen offen gelegten haarsträubenden geheimdienstlichen (!) Bewertungen über künstlerische Prozesse entgegenzuwirken? Sollte nicht wenigstens in Betracht zu ziehen sein, ob IM der in der SED leider verbreiteten Intellektuellenfeindlichkeit entgegenzuwirken suchten und um Verständnis für spezifische Probleme der Intelligenz warben? Ich jedenfalls weiß von konkreten Beispielen, wie MfS-Dienststellen in den Jahren vor und nach dem Mauerbau halfen, Sektiererei zu bekämpfen und Arbeitsnöte von Wissenschaftlern zu lindern.

82 So dachten nicht wenige kritische MfS-Mitarbeiter – dabei von Skrupeln geplagt, weil sie mit dem XX. Parteitag der KPdSU 1956 offenbar gewordene Degeneration des sowjetischen Geheimdienstes u.a. auch die zwingende Schlussfolgerung gebot, dass ein Geheimdienst selbst keine eigene (!) Politik machen und die führende Rolle der Partei nicht in Frage stellen dürfe. Auch dieser Konflikt vieler Mitarbeiter widerspiegelt einen strukturellen Defekt des gescheiterten Typs von Sozialismus.

83 Vgl. Johann-Georg Schätzler: Die versäumte Amnestie – Vorwärts gelebt, rückwärts nichts verstanden; in: *Neue Justiz*, 2/95, S. 57f.

84 Strafrechtliche Schuld dürfte früheren IM wohl kaum zugerechnet werden können. Selbst nicht, würden BRD-Gesetze angewandt werden (was grundgesetzwidrig wäre). Verurteilungen sind in der Tat nur Einzelfälle. Ein wichtiger Aspekt – in rechtlicher Hinsicht – ist, dass z.B. die Information eines IM über eine Person selbst niemals eine Maßnahmeentscheidung darstellte. Dieses Argument nimmt Herr Gauck gern in Anspruch, wenn er immer wieder die Nichtverantwortung seiner Behörde beteuert, die doch »nur Auskünfte« erteile, während jedoch die Entscheidungen (z.B. über die Entlassung in die Arbeitslosigkeit) andere Stellen träfen. Dazu muss man anmerken, dass diese anderen Stellen meist nur einen Bruchteil des Kontext-Wissens der Gauck-Behörde besitzen.

85 Karl Marx: Zur Kritik der Hegelschen Rechtsphilosophie; in: Marx/Engels: Werke, Berlin 1974; Bd.1, S. 385.

86 Man denke nur an die unterschiedlichen moralischen Bewertungen der evangelischen und der katholischen Kirche in Ehe- und Familienfragen, oder an unterschiedliche Positionen zum Pazifismus, oder an verschiedene Bestimmungen nationaler Werte.

87 Einen solchen Unterschied moralischer Wertungen erfahren derzeit die früheren DDR-Bürger im großen Stil: sie müssen lernen, dass der kräftige Konkurrenzgebrauch des Ellenbogens – z. B. im Kampf um Gewinn oder Erhalt des Arbeitsplatzes – nicht als Moralverstoß gilt, sondern hingenommene Umgangsform der kapitalistischen Marktwirtschaft ist.

88 Ich unterstelle, dass eine tatsächlich verifizierte und nicht eine aus der bloßen IM-Eigenschaft abgeleitete Vermutung von Schuld vorausgesetzt ist.

89 Ich nenne als Beispiele den Streit um die Militärseelsorge und den Militärseelsorge-Vertrag der EKD (im Hinblick auf deren damalige Ausdehnung auf das Gebiet der DDR), die kirchenamtliche Ausgrenzung der »religiösen Sozialisten« bzw. die offizielle Verpöntheit des »christlichen Sozialismus« (dies spiegelbildlich leider auch bei Teilen der SED!), die Konflikte über Bistumsgrenzen (in der katholischen Kirche im Zusammenhang mit der Oder-Neiße-Grenze), über die Trennung von Kirche und Staat, auch die Bewertung kirchlicher Kollaboration mit dem deutschen Faschismus. Ich habe keinerlei Anlass, Dummheiten und anderes in der Kirchenpolitik der SED zu verteidigen, aber ich frage mich dennoch, wie die bestehenden Verkrampfungen entstanden und genährt wurden. Zumal es in der deutschen Arbeiterbewegung und im Antifaschismus gute Berührungen und Gemeinsamkeiten gegeben hatte. Ich selbst bin vor zu großer sektierischer Enge gegenüber Religion und Kirchen bewahrt worden, weil zu meinen politischen Lehrern ein Genosse Pfarrer – Karl Kleinschmidt – gehörte, und weil zwei Theologie-Professoren – Emil Fuchs und Eduard Winter – meine Sympathie weckten. Aber hatten die Genannten auch die Sympathie der »Amtskirche«?

90 Soweit keine strafgesetzliche Anzeigepflicht bestand.

91 Persönlich halte ich das handlungsleitende Vorverständnis für verheerend, welches von solchen (teilweise schon zu DDR-Zeiten zurückgenommenen) Sätzen bestimmt wurde, wie »Gesetzmäßige Verschärfung des Klassenkampfes beim Aufbau des Sozialismus«; »Im Sozialismus gibt es keine antagonistischen Widersprüche mehr« (lange Zeit wurde überhaupt das Bestehen eigener dialektischer Widersprüche in der sozialistischen Gesellschaft geleugnet und an ihrer Stelle die Harmonie zur Triebkraft erklärt). Aus diesen Sätzen folgte logisch das theoretische Konstrukt der »Politisch-ideologischen Diversion« mit dessen Hilfe alles Übel als von außen kommend erklärt werden konnte; logisch weiter folgend: »Die Rolle des Staates wächst beim Aufbau des Sozialismus« (bei Marx war vom allmählichen Absterben die Rede!) – und ähnliches.

92 Wer studieren möchte, wie diese allein zur vorbeugenden Sicherheitsüberprü-

fung angewandte geheimdienstliche Ermittlung im demokratischen Musterland USA funktioniert, befasse sich mit der Fülle bekanntgewordener Details am Beispiel des Manhatten-Projekts (Entwicklung und Bau der Atombombe). Instruktive Literatur dazu: Robert Jungk: Heller als tausend Sonnen (Rowohlt-Taschenbuchverlag); oder sehr eindrucksvoll bei einem betroffenen Insider: Haakon Chevalier: Der Mann der Gott sein wollte; Berlin 1960.

93 Ulrich Schröters Feststellung trifft leider bei anderen »Zielpersonen« zweifellos zu – erkennbar z.b. auch an gewählten Deckbezeichnungen.

94 Aus der alten BRD ist neben den Sicherheitsüberprüfungen die sog. Regelanfrage zum Radikalen-Erlass in Erinnerung – Tätigkeitsgebiet ihrer Geheimdienste.

95 Ich war in einer frühen Phase der DDR am Aufbau eines neuen Regierungsorgans mit der Suche nach Mitarbeitern beteiligt. Nach Kennenlernen eines Kandidaten wurden zwei oder drei politische und fachliche Referenzen offen eingeholt, keine Zeit für MfS-Vorüberprüfungen. Bis zur Einstellung verging eine reichliche Woche. Trotzdem – dies die interessante Erfahrung des unbürokratischen Verfahrens – bewährten sich ausnahmslos alle Eingestellten sowohl fachlich, als auch politisch. Das Geheimnis: Es herrschten nicht Mißtrauen, sondern Vertrauen, und Selbstvertrauen in die Urteilsfähigkeit der Beteiligten.

96 Ich nenne als ein eindrucksvolles Beispiel denunziatorischer Beurteilung die in Hermann Kants »Aula« beschriebene Misstrauenshaltung des ABF-Parteisekretärs Angelhoff gegen »Quasi« Rieks TB-Arzt Gropjuhn und die daran geübte drastische Kritik des SED-Kreissekretärs Haiduck. Vgl. Hermann Kant: Die Aula, Berlin 1965; S.157 ff

97 §§ 138 und 139 Strafgesetzbuch der DDR (StGB); bzw. §§ 186 und 187 StGB der BRD.

98 § 225 Strafgesetzbuch der DDR und § 138 StGB der BRD: »Unterlassung der Anzeige« bzw. »Nichtanzeige geplanter Straftaten« stellen fast gleichlautend die Nichtanzeige bestimmter nicht beendeter Straftaten (u.a. Tötungsdelikte, Hochverrat, Landesverrat, Menschenhandel) unter Strafe; die §§ 226 (DDR) bzw. 139 (BRD) dazu Strafausschließungsgründe.

99 Z. B. provoziert der 1970 erschienene Lehrkommentar zum StGB der DDR zu § 107 StGB – Staatsfeindliche Gruppenbildung – eine willkürliche extensive Auslegung des Gruppenbegriffs: »Eine Gruppe besteht dann, wenn sich mindestens zwei Personen zusammengeschlossen haben. Der Zusammenschluss ist vollzogen, wenn zwischen den Mitgliedern Übereinkunft über das Ziel, gemeinsam eine staatsfeindliche Tätigkeit durchzuführen, besteht. Das kann in schriftlicher oder mündlicher Form oder durch schlüssiges Verhalten der Fall sein.« – Praktisches Beispiel: die Kriminalisierung gemeinsamer Beobachtung und Anzeige von Wahlfälschungen im Jahre 1989. Vgl. Strafgesetzbuch der Deutschen Demokratischen Republik – Lehrkommentar, Bd. II, Berlin 1970, S. 69

100 Warum in der Gauck-Behörde täglich 1000 Anträge eingehen, Rogalle

schockiert lächeln darf und Forschungschef Henke überzeugt ist: »Wir müssen erzählen und erzählen« – Von Dr. Christina Matte; ND 6./7. Januar 1996.

101 *Neues Deutschland* vom 15. Januar 1996.

102 ebenda.

103 ebenda.

104 *Neues Deutschland* vom 17. Januar 1996.

105 *Neues Deutschland* vom 15. Januar 1996.

106 *Neues Deutschland* vom 8. August 1996: Heißen Krieg mit verhindert, im Kalten Krieg besiegt.

107 *Neues Deutschland* vom 10./11. August 1995: Zwischen Gulaschsuppe und Kartoffelschalen.

108 Vgl. Das Wörterbuch der Staatssicherheit – Definitionen zu politisch-operativen Arbeit; Berlin 1966; Stichworte »Politisch-ideologische Diversion«, »Politisch-ideologische Diversion, Zentren«, S. 303f.

109 in: *Außenpolitik*, Stuttgart, Heft 11/1962, S. 765f.

110 Zbigniew K. Brzezinski: Alternative zur Teilung; Köln Berlin 1966

111 Am ehesten hätte diese Vorstellung für das zentralisierte und diktatorische Naziregime eine Berechtigung, da wohl die Mehrheit der herrschenden Klasse diese Form der Machtausübung als ihren Interessen angemessen sah und Abstriche an Sonderinteressen hingenommen hatte.

112 Nicht anders, als Friedrich Engels das Wirken von ideologischen Konstrukten beschrieb: »Die Ideologie ist ein Prozess, der zwar mit Bewusstsein vom sogenannten Denker vollzogen wird, aber mit falschem Bewusstsein. Die eigentlichen Triebkräfte die ihn bewegen, bleiben ihm unbekannt: sonst wäre es kein ideologischer Prozess. Er imaginiert sich also falsche resp. scheinbare Triebkräfte. Weil es ein Denkprozess ist, leitet er seinen Inhalt wie seine Form aus dem reinen Denken ab, entweder seinen eigenen oder dem seiner Vorgänger. […] Der historische Ideolog (historisch soll hier einfach zusammenfassend stehen für politisch, juristisch, philosophisch, theologisch, kurz für alle Gebiete, die der Gesellschaft angehören und nicht bloß der Natur) – der historische Ideolog hat also […] einen Stoff, der sich selbständig aus dem Denken früherer Generationen gebildet und im Gehirn dieser einander folgenden Generationen eine selbständige, eigene Entwicklungsreihe durchgemacht hat.« In: Karl Marx/Friedrich Engels: Ausgewählte Briefe, Berlin 1953, S. 549.

113 Die Definitionsmacht, was denn sozialistischen Denkens sei, billigten wir nur uns selbst zu, genauer gesagt, war es die jeweils gültige »Linie der Partei«.

114 Die Treffen der beiden Regierungschefs Stoph und Brandt in Erfurt im März und in Kassel im Mai 1970

115 Nur die skandinavischen Länder erreichen das »Soll«.

116 Pfarrer in Chemnitz, in *Neues Deutschland* vom 6. Dezember 1993.

117 Bärbel Bohley – Sprecherin eines Flügels der Bürgerrechtsbewegung, Heit-

mann – Justizminister in Sachsen .

118 Pfarrer Friedrich Schorlemmer ist einer der Begründer der Bürgerbewegung und der Bürgerrechtsgruppe »Demokratischer Aufbruch«, er leitet in
Wittenberg ein Studienseminar der Ev. Kirche.

119 Alles in allem die undifferenzierten Angaben der Gauck-Behörde auf nur
DDR-Bürger umgerechnet, sammelte sich in 40 Jahren pro DDR-Bürger
eine Akte von maximal 1 cm an: Diese Durchschnittsrechnung wäre ebensowenig seriös, wie die behördlichen Pauschalangaben.

121 »Zwie-Gespräch« ist die Bezeichnung eines von Oberkirchenrat Dr. Ulrich
Schröter moderierten Gesprächskreises in Berlin-Lichtenberg, der seit
1990 monatlich einmal Persönlichkeiten unterschiedlichster Herkunft,
Richtungen, »Betroffenheit« und Interesses vereint, um Fragen der DDR-
Geschichte, die mit ihrer Sicherheitspolitik und mit dem MfS verknüpft
sind, zu erörtern. Unter gleichem Namen erschien eine Zeitschrift. Der
Brief an Dr. Geiger nimmt auf eine mit ihm in diesem Gesprächskreis mit
ihm geführte Diskussion über die Tätigkeit der Gauck.Behörde.

122 Gauck; Stasi-Akten, S. 92. Infolge des biologischen Prozesses wären heute
nur noch ganz wenige Präsidenten, Minister, Richter, Generale, Geheimdienstler, Spitzenbeamte oder Wirtschaftsführer betroffen, weshalb das
Argument Adenauers entfiele, sie seien unentbehrlich.

122a Der wirkliche Gauck schrieb natürlich nicht »NSDAP«, sondern »MfS«;
Joachim Gauck: Die Stasi-Akten; Reinbek bei Hamburg 1991; S. 92.

123 Interview Dietmar Jochums mit Joachim Gauck, in: *Neues Deutschland*
vom 23. Januar1998.

124 Im seinem Urteil vom 31. Juli 1973 über den Grundlagenvertrag DDR-
BRD.

125 Joachim Gauck: Die Stasi-Akten, Reinbek bei Hamburg 1991; S. 92.
Infolge des biologischen Prozesses wären heute nur noch ganz wenige Prä-
siden, in: *Neues Deutschland* vom 30. Januar 1998: Der Waschzwang des
Staates.

Trauerrede vom 27. März 2009 (Auszug)

Von Klaus Eichner

Wir nehmen Abschied von einem Genossen und Freund, mit dem viele von uns seit Jahren eine enge und herzliche Freundschaft verband, getragen von gegenseitiger Anerkennung und engster politischer Übereinstimmung.

Wolfgang gehörte mit seiner Ausbildung als Chemielaborant an der Universität Halle, seiner Tätigkeit im Kulturbund und im Staatssekretariat für Hochschulbildung zur »Aula-Generation«. Er repräsentierte jene junge Generation, aus einfachen Verhältnissen stammend, die nach dem Ende des furchtbaren faschistischen Krieges mit dem Aufbau der antifaschistisch-demokratischen Ordnung angetreten war, das Bildungsprivileg der Bourgeoisie zu brechen. Wolfgang selbst war herausragendes Zeugnis dafür, mit welchem Erfolg dies gelang.

In vielen Gesprächen zitierte Wolfgang aus der von ihm hochgeschätzten »Aula« Hermann Kants die Worte des Spanienkämpfers und SED-Kreissekretärs Haiduck: »Misstrauen vergiftet die Atmosphäre, Wachsamkeit reinigt sie. [...] Wachsamkeit hat mit Mut zu tun, Misstrauen hat mit Angst zu tun. Misstrauen schießt auf Gespenster. Das ist Munitionsvergeudung, und die ist strafbar.«

Mit Stolz, Dankbarkeit und Genugtuung erinnerte er immer an seine politischen Lehrmeister, deren Einflüsse sich tief bei ihm eingegraben hatten – die hochgebildeten sowjetischen Kulturoffiziere, seine Vorgesetzten und Mitstreiter aus den Reihen der Kämpfer der Internationalen Brigaden im Spanischen Bürgerkrieg, aus dem antifaschistischen Widerstand, oft geprägt durch jahrelange Qualen in faschistischen KZ, aber nie gebrochen. Ihre klare politische Haltung, ihre Konsequenz und Toleranz, ihr Handeln nach den Grundsätzen marxistischer Dialektik – all das waren prägende Elemente für Wolfgangs Haltung und Entwicklung in der Politik, für seine innige Verbindung zu unserer Kultur und zu seinem Vaterland.

Nicht zuletzt kommt das auch in seinem letzten Wunsch zum Ausdruck, dass zu seiner Trauerfeier das Becher/Eisler-Lied mit der Textzeile: »Deutschland meine Trauer, du mein Fröhlichsein« gespielt werde.

Es konnte nicht ausbleiben, dass der junge Genosse Wolfgang mit solider politischer Bildung, klarem Klassenstandpunkt und Fähigkeiten zum Umgang mit den Menschen bald auch in das Blickfeld der »Talentesucher« des Ministeriums für Staatssicherheit geriet.

Seinen Fähigkeiten entsprechend setzte ihn die Auslandsaufklärung der DDR für spezifische Aufgaben ein – er wurde »Einzelkämpfer« an der unsichtbaren Front, aber trotzdem immer in enger Verbindung mit den für seine Einsätze verantwortlichen Genossen. Es gibt Zeugen und Zeugnisse dafür, mit welcher Hingabe und Zuwendung zu den Menschen Wolfgang diese Aufgaben erfüllte – Zeugen dafür, die bis heute noch zu ihm und ihrer damaligen Entscheidung stehen.

Ich begegnete Wolfgang erst nach dieser Zeit, nach der sogenannten »Wende«. Eine kleine Gruppe Linker aus West und Ost fand sich 1991/92 zusammen, um der anwachsenden Verleumdung und der Strafverfolgung der Mitarbeiter des MfS unsere Wahrheit entgegenzusetzen. Es entstand in intensiver Diskussion die Broschüre »Spionage und Justiz im geteilten Deutschland«, in der wir beide eigene Beiträge eingebracht hatten.

Es erwuchs aus dieser gemeinsamen Tätigkeit eine enge und tiefe Freundschaft, die auch manche Gewitter aushalten musste, aber dadurch auch immer enger wurde.

Wolfgang hatte uns einiges voraus – in erster Linie die »Weltanschauung« im besten Sinne des Wortes, er hatte durch seine Einsätze die Welt sich wirklich anschauen können – und ihre positiven und negativen Seiten sehr kritisch verarbeitet.

Dann beeindruckte uns seine umfangreiche humanistische Bildung. Wolfgang kannte z. B. seinen Brecht wie kaum ein Zweiter unter uns und hatte ihn so verinnerlicht, dass er in vielen Auseinandersetzungen sich immer wieder Anregungen bei Bertolt Brecht holen konnte.

Unser enges Zusammenwirken setzte sich fort bei der Gründung und der Arbeit des Insiderkomitees zur kritischen Aufarbeitung der Geschichte des MfS; wir wirkten von Anfang an gemeinsam im Sprecherrat. Wolfgangs Beiträge zur inhaltlichen Gestaltung unserer Arbeit waren für uns alle unverzichtbar und sind bleibende Dokumente seines politischen Wirkens in einer schwierigen Zeit. Sein Credo fasste er bei der Gründung des Insiderkomitees mit den Worten zusammen: »Mut wird nötig sein! Sowohl zu selbstkritischer Reflexion und moralischer Selbstprüfung als auch zum Bekenntnis dessen, was heutzutage ungern gehört wird oder nicht mehr gehört werden soll.«

Besonders beeindruckend für viele von uns war das Auftreten von Wolfgang in der Gesprächsreihe »Zwie-Gespräche« in der evangelischen Kirche in Berlin-Lichtenberg. Das Anliegen dieser Gesprächsreihe, dass sich ehemalige Mitarbeiter des MfS und Betroffene unserer früheren Tätigkeit (also landläufig: Täter und Opfer) treffen und über ihre Einsichten und Erfahrungen sprechen – sich dabei in die Augen sehen können, die anonymen »Täter« für andere ein Gesicht bekamen – war für Wolfgang eine Herzenssache, der er in den Jahren dieser »Zwie-Gespräche« viel Zeit und Aufmerksamkeit widmete.

Wolfgang gehörte in unserem Freundeskreis zu denen, die beharrlich und nachdrücklich darauf drängten, sich der Verantwortung für unser Tun und Unterlassen während unserer Tätigkeit im MfS oder in anderer Funktion in der DDR zu stellen. Nicht zur Selbstzerfleischung, sondern aus Verantwortung für die Zukunft, für eine linke Politik, die aus Deformationen, Fehlern und auch Verbrechen, die im Namen des Sozialismus sowjetischer Prägung begangen wurden, die Lehren für eine zukünftige sozialistische Ordnung, für unsere Enkel und Urenkel, ziehen müsste. Damit leistete er einen wesentlichen Beitrag, in der Öffentlichkeit das »verordnete« Bild über die Mitarbeiter des MfS etwas zu relativieren. Und wenn wir zu einigen seiner Thesen skeptisch waren, sie zu kritisch bewerteten, dann zitierte er uns aus Brechts »Nicht feststellbaren Fehlern der Kunstkommission« oder erinnerte an den Marx'schen Kategorischen Imperativ, dass wir angetreten waren, eine Gesellschaft zu schaffen, in der *alle* Verhältnisse umzuwerfen seien, »in denen der Mensch ein geknechtetes, ein verlassenes, ein verächtliches Wesen ist.«

Sein politischer Blick ging jedoch immer über die Grenzen der Beschäftigung mit dem Thema »Sicherheit der DDR« hinaus. Er war bis zuletzt aktives Mitglied seiner Basisgruppe der PDS, jetzt *Die Linke* und erwarb sich durch seine konstruktiven Beiträge dort hohe Anerkennung.

Bis zuletzt nahm er immer wieder an vielfältigen kulturellen Ereignissen teil – und bedauerte mit uns allen die weitgehende Missachtung und Zerstörung des kulturellen Erbes der DDR.

Wolfgang Hartmann gehörte zu jenen, die für ihre Überzeugung kämpften, zu jenen unverzichtbaren Menschen, die keine Niederlage klein machen konnte.

Er lebte für das Brecht-Wort und hinterließ es uns als Vermächtnis:

Und doch wird nichts mich davon überzeugen,
dass es aussichtslos ist, der Vernunft
gegen ihre Feinde beizustehen.
Lasst uns das tausendmal Gesagte immer wieder sagen,
damit es nicht einmal zu wenig gesagt wurde!
Lasst uns die Warnungen erneuern, und wenn sie schon
wie Asche in unserem Mund sind!

Liebe Trauergäste, lassen Sie mich noch einmal den von Wolfgang Hartmann verehrten Bertolt Brecht zitieren: »Der Mensch ist erst wahrlich tot, wenn niemand mehr an ihn denkt.«

Wir alle werden Wolfgang Hartmanns Andenken fest in unseren Herzen bewahren – und Wolfgang wird in uns und mit uns weiter leben.

ISBN 978-3-89793-234-0

© 2009 verlag am park in der edition ost Verlag & Agentur Ltd.

Umschlagfoto: Das Thälmann-Denkmal in Berlin-Prenzlauer Berg
© Robert Allertz

Ein Verlagsverzeichnis schicken wir Ihnen gern:
Das Neue Berlin Verlagsgesellschaft mbH
Neue Grünstr. 18, 10179 Berlin
Tel. 01805/30 99 99
(0,14 Euro/min. aus dem deutschen Festnetz, Mobil abweichend)

14.90 Euro

Die Bücher der edition ost und des verlag am park
werden von der Eulenspiegel Verlagsgruppe vertrieben.

www.edition-ost.de